Fascisme et communisme

François Furet
Ernst Nolte

Fascisme et communisme

Traduction des lettres de Nolte
par Marc de Launay

Collection Commentaire
Plon

ISBN : 2-259-18956-3

Avant-propos

À l'été 1996, François Furet avait souhaité publier dans *Commentaire* sa correspondance avec le célèbre historien allemand Ernst Nolte. Elle paraissait en Italie et le débat qu'elle suscitait soulevait un vif intérêt autant en deçà des Alpes qu'en Allemagne.

Cet échange était né d'une note que, dans son dernier livre, *Le Passé d'une illusion*, François Furet avait consacrée à l'interprétation du fascisme proposée par Nolte. Ferdinando Adornato, rédacteur en chef de la revue *Liberal* à Rome, avait pris l'initiative, en janvier 1996, de demander à Nolte de réagir à cette analyse. Il le fit sous forme d'une lettre à laquelle Furet répondit à son tour. Huit lettres s'enchaînèrent ainsi, formant l'essai que l'on va lire sur le XXe siècle, le communisme et le fascisme.

En mai 1997, François Furet avait obtenu l'accord d'Ernst Nolte pour préparer une édition française, il avait corrigé une dernière fois son texte et nous étions convenus, lors d'un voyage à l'île d'Aix, lieu du dernier séjour de Napoléon en France, de la forme que nous donnerions à cette publication.

Puis la nouvelle affreuse est arrivée. François Furet s'est éteint à Toulouse le 11 juillet 1997.

C'est après sa disparition, donc, que parut dans *Commentaire* (numéros 79 et 80, automne 1997 et hiver 1997-1998) cette correspondance. Elle témoigne de la réflexion de François Furet sur notre destin historique, puisqu'il s'agit d'une analyse de tout le XXe siècle, prolongeant son dernier livre et stimulée par la rencontre et le débat avec un historien et philosophe allemand, ayant lui-même consacré son œuvre à une question majeure pour l'Europe, celle des sources matricielles du communisme et du fascisme.

La présente édition reproduit les lettres de Ernst Nolte et de François Furet telles qu'elles sont parues dans *Commentaire*. Celles d'Ernst Nolte ont été traduites de l'allemand par Marc de Launay. Cette traduction a été révisée par l'auteur et par la rédaction de *Commentaire*.

La correspondance entre les deux historiens s'achève par les lignes de François Furet, placées en épigraphe de ce volume, en hommage à sa mémoire. Elles expriment avec une tristesse toc-quevillienne ses sentiments, à l'issue de sa vie, et dépeignent la situation de l'Europe à la fin du XXe siècle.

COMMENTAIRE.

Telle est la toile de fond mélancolique de cette fin de siècle. Nous voici enfermés dans un horizon unique de l'histoire, entraînés vers l'uniformisation du monde et l'aliénation des individus à l'économie, condamnés à en ralentir les effets sans avoir de prise sur leurs causes. L'histoire apparaît d'autant plus souveraine que nous venons de perdre l'illusion de la gouverner. Mais comme toujours, l'historien doit réagir contre ce qui prend, à l'époque où il écrit, un air de fatalité : il sait trop bien que ces sortes d'évidences collectives sont éphémères. Les forces qui travaillent à l'universalisation du monde sont si puissantes qu'elles provoquent des enchaînements de circonstances et de situations incompatibles avec l'idée de lois de l'histoire, a fortiori de prévision possible. Comprendre et expliquer le passé n'est déjà pas si simple.

François FURET.

I

Sur l'interprétation du fascisme
par Ernst Nolte

FRANÇOIS FURET

La guerre de 1914 [1] a pour l'histoire du XXe siècle le même caractère matriciel que la Révolution française pour le XIXe. D'elle sont directement sortis les événements et les mouvements qui sont à l'origine des trois « tyrannies » dont parle en 1936 Élie Halévy. La chronologie le dit à sa manière, puisque Lénine prend le pouvoir en 1917, Mussolini en 1922, et que Hitler échoue en 1923 pour réussir dix ans plus tard. Elle laisse supposer une communauté d'époque entre les passions soulevées par ces régimes inédits qui ont fait de la mobilisation politique des anciens soldats le levier de la domination sans partage d'un seul parti.

Par là s'ouvre à l'historien un autre chemin vers la comparaison des dictatures du XXe siècle. Il

1. Ce texte de François Furet est extrait de son dernier livre, *Le Passé d'une illusion. Essai sur l'idée communiste au XXe siècle*, Laffont et Calmann-Lévy, 1995, pp. 194-196. Nous le reproduisons avec l'autorisation de son éditeur Charles Ronsac, que nous remercions (*NdlR*).

ne s'agit plus de les examiner à la lumière d'un concept, au moment où elles ont atteint respectivement le sommet de leur courbe, mais plutôt d'en suivre la formation et les succès, de façon à saisir ce que chacune a à la fois de spécifique et de commun avec les autres. Reste enfin à comprendre ce que l'histoire de chacune doit aux rapports d'imitation ou d'hostilité qu'elle a entretenus avec les régimes dont elle a emprunté certains traits. Imitation et hostilité ne sont d'ailleurs pas incompatibles : Mussolini emprunte à Lénine, mais c'est pour vaincre et interdire le communisme en Italie. Hitler et Staline offriront bien des exemples de complicité belligérante.

Cette approche, qui forme un préalable naturel à l'inventaire d'un idéal type comme « totalitarisme », a l'avantage d'épouser de plus près le mouvement des événements. Elle présente le risque d'en offrir une interprétation trop simple, à travers une causalité linéaire selon laquelle l'avant explique l'après. Ainsi, le fascisme mussolinien de 1919 peut être conçu comme une « réaction » à la menace d'un bolchevisme à l'italienne, surgi lui aussi de la guerre, et constitué plus ou moins sur l'exemple russe. Réaction au sens le plus vaste du mot, puisque, venu comme Lénine d'un socialisme ultra-révolutionnaire, Mussolini a d'autant plus de facilité à l'imiter pour le combattre. Aussi peut-on faire de la victoire du bolchevisme russe en octobre 1917 le point de départ d'une chaîne de « réaction » à travers laquelle le fascisme italien d'abord, le nazisme ensuite apparaissent comme des réponses à la menace communiste, faites sur le mode révolutionnaire et dictatorial du communisme. Une interprétation de ce genre peut conduire sinon à une justification, du moins à une disculpation partielle du nazisme, comme l'a montré le débat récent des historiens allemands sur le sujet [2] : même Ernst Nolte, un des plus profonds spécialistes des mouvements fascistes, n'a pas toujours échappé à cette tentation.

Depuis vingt ans, mais surtout depuis le débat qui a mis aux prises, en 1987, les historiens allemands au sujet de l'interprétation du nazisme (*Historikerstreit, op. cit.*), la pensée d'Ernst Nolte a fait l'objet, en Allemagne et en Occident, d'une condamnation si sommaire qu'elle mérite un commentaire particulier.

Un de ses mérites est d'avoir très tôt passé outre à l'interdiction de mettre en parallèle communisme et nazisme : interdiction plus ou moins générale en Europe occidentale, notamment en France et en Italie, et particulièrement absolue en Allemagne, pour des raisons évidentes, dont la force n'est pas éteinte. Dès 1963, dans son livre sur le fascisme (*Der Faschismus in seiner Epoche* ; trad. française : *Le Fascisme en son époque*, 3 vol.,

---

2. *Historikerstreit*, Munich, 1987 : trad. française : *Devant l'Histoire. Les documents de la controverse sur la singularité de l'extermination des Juifs par le régime nazi*. Éd. du Cerf, coll. Passages, 1988.

Julliard, 1970), Nolte a avancé les grandes lignes de son interprétation historico-philosophique, à la fois néo-hégélienne et heideggérienne, du XXe siècle. Le système libéral, par ce qu'il offre de contradictoire et d'indéfiniment ouvert sur l'avenir, a constitué la matrice des deux grandes idéologies, communiste et fasciste. La première, à laquelle Marx a ouvert la voie, porte à l'extrême la « transcendance » de la société moderne : par quoi l'auteur entend l'abstraction de l'universalisme démocratique qui arrache la pensée et l'action des hommes aux limites de la nature et de la tradition. En sens inverse, le fascisme veut rassurer ceux-ci contre l'angoisse d'être libres et sans déterminations. Il puise son inspiration lointaine dans Nietzsche, et sa volonté de protéger la « vie » et la « culture » contre la « transcendance ».

De là vient qu'on ne peut étudier les deux idéologies séparément : elles déploient ensemble, de manière radicale, les contradictions du libéralisme, et leur complémentarité-rivalité a rempli tout notre siècle. Mais elles s'inscrivent aussi dans un ordre chronologique : la victoire de Lénine a précédé celle de Mussolini, pour ne rien dire de celle de Hitler. La première conditionne les deux autres, aux yeux de Nolte, qui ne cessera d'approfondir ce rapport dans ses livres ultérieurs (*Die Faschistischen Bewegungen*, 1966 ; trad. française : *Les Mouvements fascistes*, Calmann-Lévy, 1re éd., coll. Liberté de l'esprit dirigée par Raymond Aron, 1969 ; 2e éd. 1991 ; *Deutschland und der Kalte*

Krieg, 1974 ; et surtout *Der Europäische Bürger Krieg, 1917-1945,* 1987) : sur le plan idéologique, l'extrémisme universaliste du bolchevisme provoque l'extrémisme du particulier dans le nazisme. Sur le plan pratique, l'extermination de la bourgeoisie accomplie par Lénine au nom de l'abstraction de la société sans classes crée une panique sociale au point de l'Europe le plus vulnérable à la menace communiste ; elle fait triompher Hitler et la contre-terreur nazie.

Pourtant, Hitler ne mène lui-même qu'un combat perdu d'avance contre ses ennemis : il est pris lui aussi dans le mouvement universel de la « technique » et utilise les mêmes méthodes que l'adversaire. Tout comme Staline, il pousse les feux de l'industrialisation. Il prétend vaincre le judéo-bolchevisme, ce monstre à deux têtes de la « transcendance » sociale, mais il veut unifier l'humanité sous la domination de la « race » germanique. Il ne restera donc rien, dans cette guerre programmée, des raisons de la gagner. Ainsi le nazisme trahit-il par son cours sa logique originelle. C'est encore en ces termes que, dans un de ses derniers ouvrages (*Martin Heidegger, Politik und Geschichte im Leben und Denken,* 1992), Nolte explique et justifie la courte période militante de Heidegger, qui a été plus tard son maître, en faveur du nazisme. Le philosophe aurait eu raison à la fois d'être enthousiasmé par le national-socialisme et d'en être vite déçu.

On conçoit comment et pourquoi les livres de

Nolte ont choqué les générations d'après-guerre, enfermées dans la culpabilité, ou dans la crainte d'affaiblir la haine du fascisme en cherchant à le comprendre, ou simplement par conformisme d'époque. Des deux premiers comportements au moins, les raisons sont nobles. L'historien peut et doit les respecter. Mais, à les imiter, il s'interdirait de prendre en considération la terreur soviétique comme un des éléments fondamentaux de la popularité du fascisme et du nazisme dans les années 20 et 30. Il devrait ignorer ce que l'avènement de Hitler doit à l'antériorité de la victoire bolchevique, et au contre-exemple de la violence pure érigée par Lénine en système de gouvernement ; enfin, à l'obsession kominternienne d'étendre la révolution communiste à l'Allemagne. En réalité, le veto mis sur ce type de considérations empêche de faire l'histoire du fascisme ; il fait pendant, dans l'ordre historique, à l'antifascisme version soviétique dans l'ordre politique. En interdisant la critique du communisme, ce type d'antifascisme historiographique bloque aussi la compréhension du fascisme. Entre autres mérites, Nolte a eu celui de briser ce tabou.

Le triste est qu'il ait affaibli son interprétation, dans la discussion des historiens allemands sur le nazisme, par exagération de sa thèse : il a voulu faire des Juifs les adversaires organisés de Hitler, en tant qu'alliés de ses ennemis. Non qu'il soit un « négationniste ». Il a exprimé à plusieurs reprises son horreur de l'extermination des Juifs par les nazis, et même la singularité du génocide juif en tant que la liquidation industrielle d'une race. Il maintient l'idée que la suppression des bourgeois comme classe par les bolcheviks a montré la voie et que le Goulag est antérieur à Auschwitz. Mais le génocide juif, s'il s'inscrit dans une tendance d'époque, n'est pas seulement à ses yeux un moyen de la victoire ; il conserve l'affreuse particularité d'être une fin en soi, un produit de la victoire, dont la « Solution finale » a été le plus grand objectif. Reste que, en tentant de déchiffrer la paranoïa anti-sémite de Hitler, Nolte a paru, dans un écrit récent, lui trouver une sorte de fondement « rationnel » dans une déclaration de Chaïm Weizmann en septembre 1939 au nom du Congrès juif mondial (*Devant l'Histoire, op. cit.*, p. 15), demandant aux Juifs du monde entier de lutter aux côtés de l'Angleterre. L'argument est à la fois choquant et faux.

Sans doute renvoie-t-il à ce fond de nationalisme allemand humilié que ses adversaires ont reproché à Nolte depuis vingt ans et qui constitue un des ressorts existentiels de ses livres. Mais, même dans ce qu'elle a de vrai, l'imputation ne saurait discréditer une œuvre et une interprétation qui sont parmi les plus profondes qu'ait produites ce dernier demi-siècle [3].

---

3. *Cf.* Hans Christof Kraus, « L'historiographie philosophique d'Ernst Nolte », *in La Pensée politique*, Hautes Études-Le Seuil-Gallimard, 1994, pp. 59-87 ; Alain Renaut, préface à Ernst Nolte : *Les Mouvements fascistes, op. cit.*, 2ᵉ éd., 1991, pp. 6-24.

II

Au-delà des impasses idéologiques

ERNST NOLTE

Mon cher collègue,

J'aimerais vous faire part, à propos de votre
livre *Le Passé d'une illusion*, de quelques
réflexions qui seront plus personnelles et moins
détaillées que celles rédigées, à la demande de
Pierre Nora, dans ma prise de position publiée
dans *Le Débat* [1].

Il y a maintenant presque un an que j'ai eu
vent de votre livre par un article de la *Frankfurter
Allgemeine Zeitung* qui non seulement en souli-
gnait l'importance, mais faisait expressément
état de la longue note [2] des pages 195-196 où
vous vous référiez à mes propres ouvrages. Ainsi
en ai-je pris connaissance plus tôt que je ne
l'eusse sans doute fait dans des circonstances

1. Ernst Nolte, « Sur la théorie du totalitarisme »,
Le Débat, 1996, n° 89, p. 139-146 (*NdlR*).
2. *Cf. supra.*

ordinaires, et j'ai lu votre livre, ligne à ligne, avec le plus grand intérêt, non sans éprouver, de surcroît, un plaisir d'ordre esthétique.

J'ai très vite constaté que votre ouvrage était affranchi des deux impasses ou des deux obstacles qui, en Allemagne, cantonnent toute réflexion sur le xxᵉ siècle dans un espace étroit, et, partant, en dépit de tous les efforts individuels méritoires, la rendent impuissante. En Allemagne, cette réflexion s'est, en fait et en principe, d'emblée attachée presque exclusivement au national-socialisme et, puisque ses conséquences catastrophiques sont patentes, il est par trop fréquent que des formules se soient substituées au travail de la pensée — formules telles que « idées délirantes », « voie allemande singulière » ou « peuple criminel ».

Il y a bien eu deux perspectives de réflexion qui allaient au-delà des limites allemandes, mais l'une, la théorie du totalitarisme, passait pour obsolète au regard de tous les « progressistes » depuis le milieu des années 1960, ou semblait même être un instrument de guerre froide ; l'autre, la théorie marxiste, ne fut que rarement développée avec assez de conséquence pour faire apparaître le Troisième Reich comme un simple élément d'un tout plus vaste, et, dans cette mesure, plus coupable encore, l'impérialisme occidental, par exemple, ou l'économie capitaliste mondiale.

Gauches allemande et française

La gauche allemande n'entretenait pas de rapport univoque avec sa propre histoire, car cette dernière n'avait pas non plus été univoque. Il n'y avait aucun grand événement auquel elle eût pu s'identifier sans réserve, car même les guerres de libération contre la France napoléonienne n'allaient pas sans ce qu'on imaginait être des mobiles « réactionnaires », et la révolution de 1848 avait été un « échec ». Seule une fraction minoritaire de la gauche allemande s'était identifiée à la Révolution russe, et la part de loin majoritaire et la plus importante, la social-démocratie, était résolument opposée, en théorie comme en pratique, à une extension de cette révolution à l'Allemagne. Certes, s'il avait été possible de quantifier l'enthousiasme et l'intensité de la foi que cette révolution n'avait pas manqué de susciter au sein de la gauche, plus de la moitié eût dû en être attribuée au Parti communiste allemand, car les sociaux-démocrates ne luttèrent contre les communistes qu'avec, pourrait-on dire, une « mauvaise conscience socialiste » et le KPD fut, en Allemagne, le seul parti dont le poids, au fil des élections, s'accrut de manière conséquente, même lors du scrutin de novembre 1932 où les nationaux-socialistes subirent une défaite sévère. Mais, même parmi les jeunes néo-marxistes des années 1970, peu nombreux étaient ceux qui, rétrospectivement, eussent tenu pour vraisemblable une victoire communiste au tournant

1932-1933, et qui eussent accusé les sociaux-démocrates de « trahison ». Or c'est précisément cette opinion, non, certes, sans une inflexion opposée, qui constituait la thèse de l'anticommunisme de « droite » que l'on ne pouvait pas non plus accepter *post festum*, à savoir que le communisme eût représenté un réel danger, et que c'était *pour cette raison* que le national-socialisme avait acquis tant de puissance. Or même au regard des grands partis de la « démocratie weimarienne » reconstruite à Bonn après 1945, cette conception ne pouvait apparaître qu'erronée et dangereuse, parce qu'elle offrait trop d'analogies avec la thèse national-socialiste qui entendait « sauver l'Allemagne du bolchevisme », et parce qu'on s'était engagé, dans une alliance avec les États-Unis, à repousser les attaques du « stalinisme totalitaire » et de ses représentants allemands à Berlin-Est.

La théorie du totalitarisme offrait, certes, une échappatoire qui permettait de distinguer anti-communisme « démocratique » et anticommunisme « totalitaire », mais elle ne prévalut pas longtemps et, par la suite, de la droite à la gauche, de la presse à l'Université, presque tous les porte-parole tombèrent d'accord pour concentrer toute l'attention sur l'examen du national-socialisme et pour ne se préoccuper du « stalinisme » qu'en passant, sans du tout parler d'un « mouvement communiste mondial ». Voilà les deux « impasses » que j'évoquais.

En revanche, vous partez, dans votre livre, de

« l'idéal communiste », et vous voyez en lui la plus puissante réalité idéologique du siècle. Vous ne le cantonnez pas aux limites de la Russie où, rapidement, une politique extérieure pragmatique a prévalu et vous parlez du « charme universel d'Octobre » qui, en France aussi et surtout, a provoqué l'enthousiasme de nombre d'intellectuels. Vous pouvez le faire, car vous venez de la gauche française qui, contrairement à son pendant allemand, dispose, dans l'histoire nationale, d'un grand événement dont elle peut inlassablement se réclamer — la Révolution française —, et à partir duquel elle a pu considérer la Révolution russe comme une conséquence et un pendant ; révolution pour laquelle elle pouvait éprouver au moins de la sympathie, sans la moindre mauvaise conscience, quand elle n'allait pas jusqu'à s'y identifier sans réserve.

Aussi ne fut-ce pas du tout un hasard si une large majorité du Parti socialiste, au congrès de 1920 à Tours, fit allégeance à la Troisième Internationale et si de grands historiens de la Révolution française comme Aulard et Mathiez sympathisèrent avec ce mouvement mondial, voire en devinrent membres. Mais d'autres personnalités aussi, que vous mentionnez, des hommes tels que Pierre Pascal, Boris Souvarine ou Georg Lukács, furent enthousiastes et convaincus, et vous-même ne refusez manifestement pas à cet enthousiasme votre intérêt ni votre sympathie. Bien entendu, la réalité historique a peu à peu sapé cette foi chez

27

un Pierre Pascal, chez un Boris Souvarine, comme chez tant d'autres, et vous-même suivez les traces de ces dissidents ; mais, en dépit de toute distance, vous continuez de voir dans la Révolution russe d'Octobre et dans son rayonnement mondial l'événement politique fondamental du xxᵉ siècle. Vous poursuivez l'examen de son rayonnement jusqu'à ce que, épuisé par la lutte avec de multiples réalités, il perde sa force interne et finisse par être définitivement tenu pour ce qu'il était dès le début, en raison de son caractère utopique, à savoir une « illusion ».

Mais vous accomplissez aussi un autre pas qui, à mes yeux, n'est pas moins décisif. Si l'événement fondamental du xxᵉ siècle se révèle être finalement une illusion, les réactions militantes qu'il a suscitées ne peuvent pas se situer au-delà de toute compréhension ni être totalement dépourvues de légitimité historique ; il faut aussi que soit considéré comme un résidu injustifié de la vision communiste le fait de refuser de percevoir « autrement que comme un crime l'autre puissance de fascination du siècle ». Cette appréciation de « l'autre grand mythe du siècle », c'est-à-dire du mythe fasciste, vous vaudra, même en France, de rencontrer bien des oppositions, cependant que, dans l'Allemagne actuelle, vous risquez de devenir vite une « personne infréquentable ».

Pourtant, vous avez, selon moi, parfaitement raison dans la mesure où personne ne pourra raisonnablement vous soupçonner de penser que la lutte entre l'idée communiste et la contre-idée fasciste serait l'*unique* contenu de l'histoire du siècle entre 1917 et 1989-1991, ou que « le » fascisme devrait être considéré comme une sorte d'idée platonicienne, sans prendre en compte les différences et les présupposés multiples qui déterminent toutes les réalités historiques et donc aussi la réalité du mouvement communiste mondial.

C'est par une tout autre voie que vous que je suis parvenu à surmonter ces deux « impasses », et donc à élaborer la conception (depuis longtemps esquissée) de la guerre civile idéologique du XXe siècle. Moi aussi, j'en serais resté à l'intérêt exclusif pour le national-socialisme et ses « racines allemandes » si je n'avais, par hasard, découvert les influences exercées sur la pensée socialiste du jeune Mussolini tant par Marx que par Nietzsche. C'est uniquement pour cette raison que « le fascisme » a pu devenir pour moi un objet, dans mon livre de 1963 ; et la définition générale du fascisme comme forme militante de l'antimarxisme, de même que la définition spécifique du national-socialisme comme « fascisme radical », contenaient déjà virtuellement tout ce que, depuis, j'ai pu penser et écrire. Mais ce qui, pour vous, fut le point de départ, « l'idée communiste », resta longtemps, pour moi, à peu de chose près un arrière-plan qui n'était pas véritablement explicite et c'est seulement en 1983, avec mon livre *Marxisme et révolution industrielle*, et, surtout, en 1987, avec *La Guerre civile européenne, 1917-1945*, que les choses se sont modifiées.

La version génético-historique du totalitarisme

Ainsi, en prenant des points de départ distincts et en empruntant des voies différentes, sommes-nous parvenus, si je ne me trompe, à cette conception que j'appelle la « version historico-génétique de la théorie du totalitarisme », et qui se distingue presque autant de la version politico-logico-structurelle de Hannah Arendt et Carl J. Friedrich que de la théorie marxiste-communiste.

Mais il semble toutefois qu'existe entre nous un très profond point de divergence. Dans la note que j'évoquais, vous écrivez qu'il est triste que j'aie exagéré mon interprétation et que j'aie donné « une sorte de fondement rationnel » à « la paranoïa antisémite de Hitler ». Vis-à-vis de vous, je n'ai certes pas besoin de souligner que l'événement singulier que fut la destruction massive déclenchée par la « Solution finale de la question juive » a fourni d'importantes justifications au fait que la recherche allemande se soit concentrée sur le national-socialisme. Et, de votre côté, vous m'accorderez sûrement que, dans l'Histoire, ce qui est singulier ne peut non plus passer pour un « absolu » ni être traité comme tel. J'ajoute ceci : un crime de masse singulier n'est pas moins

effroyable et condamnable si l'on peut en donner
un fondement rationnel intelligible ; ce serait plutôt le contraire. Puis-je vous rappeler que, dans
l'un de vos articles de 1978, vous avez critiqué
l'interprétation simpliste du sionisme par la
gauche française, vous avez écrit que la nature de
ce phénomène ne pouvait être isolée du messianisme juif ? Vous n'avez pas utilisé de guillemets,
considérant donc que le terme était légitime bien
qu'à l'évidence vous sachiez comme moi qu'il était
également possible de parler d'un messianisme
« russe » ou « chiite ». Je pense donc que la
« Solution finale » ne peut elle non plus être intelligible (*verstehbar*) — par opposition à compréhen-
sible (*verständlich*) — sans qu'on ait recours au
« messianisme juif » en tant que tel et à la représentation qu'en avaient Adolf Hitler et bon
nombre de ses adeptes. C'est pourquoi je ne crois
pas qu'il soit impossible d'aplanir la différence qui
nous sépare.

Quoi qu'il en soit, et pour employer une expression maintes fois citée de l'écrivain allemand, d'origine française, Theodor Fontane, c'est là un « vaste
domaine ». Bien des mots, bien des réflexions
seront nécessaires pour cultiver ce domaine de la
manière qui convient.

Tout laisse supposer que l'on trouvera dans mes
propos, en Allemagne, un motif de vous dénigrer,
voire de vous incriminer, si j'avance que le succès
de votre livre me réjouit presque autant que vous ;

mais je crois que, dans votre pays, les préjugés et l'hystérie sont moins puissants que dans le mien.

Veuillez agréer, Monsieur le Professeur, l'expression de mes sentiments distingués [3].

Ernst NOLTE
Berlin, le 20 février 1996

---

3. En français dans le texte (*NdlR*).

III

Un sujet tabou

FRANÇOIS FURET

Mon cher collègue,

Je savais bien, en vous consacrant cette longue note, que j'allais déclencher dans votre pays, et même au-delà, des sentiments d'hostilité à mon livre. Cela n'a pas manqué, tant le seul fait de vous citer déclenche à gauche des réactions quasiment « pavloviennes » ; des historiens anglo-saxons aussi différents qu'Eric Hobsbawm ou Tony Judt m'ont même reproché le seul fait de citer votre nom, sans ressentir le besoin de justifier cette excommunication. Il faut rompre l'enchantement de cette pensée magique, et je regrette moins que jamais de l'avoir fait. D'abord par simple réflexe professionnel, puisque je me trouvais traiter de questions sur lesquelles vous aviez beaucoup écrit, et depuis longtemps : votre livre de 1963, *Le Fascisme en son époque*, m'avait beaucoup intéressé quand il est paru en français, il y a déjà trente ans ! En dehors même de ce respect pour les règles de notre métier, vos livres soulèvent trop de problèmes essentiels à l'intelligence du XXe siècle pour que leur condamnation sommaire ne recouvre pas beaucoup d'aveuglement.

L'obsession du nazisme

Cet aveuglement a en effet ses racines les plus évidentes dans *l'obsession du nazisme* qui a dominé la tradition démocratique depuis un demi-siècle, comme si la Deuxième Guerre mondiale n'en finissait pas d'illustrer sa signification historique et morale. Cette obsession, en effet, loin de décliner au fur et à mesure qu'on s'éloignait des événements qui en ont formé la source, a au contraire crû dans les cinquante ans qui nous en séparent, comme le critère essentiel qui permettait de distinguer les « bons » citoyens des « méchants » (pour emprunter un instant mon vocabulaire à la Révolution française). Au point qu'elle a même fait renaître des fascismes imaginaires par besoin d'en retrouver des incarnations postérieures à la défaite de Hitler et de Mussolini.

Les crimes du nazisme ont été si grands et sont devenus, à la fin de la guerre, si universellement visibles que l'entretien pédagogique de leur souvenir joue un rôle incontestablement utile, et même nécessaire, longtemps après que les générations qui les ont commis ont disparu. Car l'opinion a eu, plus ou moins précisément, la conscience que ces crimes avaient quelque chose de spécifiquement moderne ; qu'ils n'étaient pas sans rapport avec certains traits de nos sociétés, et qu'il fallait d'autant plus soigneusement veiller à en éviter le retour. Ce sentiment d'effroi à l'égard de nous-mêmes a formé le terreau de l'obsession antifasciste, en même temps que la meilleure de ses justifications.

Mais il a été aussi, dès l'origine, instrumentalisé par le mouvement communiste. Et cette instrumentalisation n'est jamais aussi visible et puissante qu'au lendemain de la Deuxième Guerre mondiale, quand l'Histoire, par la défaite de Hitler, semble donner un certificat de démocratie à Staline, comme si l'antifascisme, définition purement négative, suffisait à la liberté. De ce fait, l'obsession antifasciste a ajouté à son rôle nécessaire un effet néfaste : elle a rendu sinon impossible, du moins difficile, l'analyse des régimes communistes.

Vous croyez que cet aveuglement est particulièrement total dans la gauche allemande, et même en Allemagne en général, pour des raisons dont certaines sont évidentes. Le nazisme a été une apocalypse allemande qui a arraché votre pays à sa tradition et l'a exposé à un malheur sans précédent, doublé d'une condamnation générale. Il est facile de comprendre comment les sentiments politiques collectifs y ont été mobilisés presque exclusivement par cette tragédie nationale. Facile aussi de voir pourquoi l'argumentation anticommuniste y a été l'objet d'une sorte de tabou, puisqu'elle avait déjà servi à Hitler. La même chose s'observe, *mutatis mutandis*, en Italie, pour les mêmes raisons.

Tant ils sont interdépendants...

Pourtant, je ne suis pas sûr que vous ne poussiez pas un peu trop loin, dans votre lettre, l'analyse de l'exceptionnalisme allemand à cet égard. Après tout, dans mon pays aussi, et en général dans l'Europe démocratique, le fascisme, a fortiori sous sa forme nazie, a été plus ou moins un sujet tabou pour l'historien. Je veux dire que la condamnation morale dont les deux régimes étaient l'objet empêchait non seulement d'étudier mais même de concevoir la popularité dont ils avaient joui entre les deux guerres. Et le tabou qui pesait sur toute espèce d'analyse comparée, ou même sur toute idée d'interdépendance entre communisme et fascisme, n'était pas moindre, même s'il n'avait pas les mêmes raisons historiques ou culturelles. En France aussi les idées de ce type ont été disqualifiées comme de purs instruments de guerre froide, alors qu'on les trouve si souvent chez les auteurs des années 1930. Il me semble que sous ce rapport la différence entre votre pays et le mien est plus de degré que de nature. En France, l'existence d'une tradition démocratique révolutionnaire vénérable a plus nourri l'illusion communiste qu'elle n'a permis d'en percer les secrets. Et la victoire de la coalition antifasciste du « Front populaire » en 1936 a joué dans le même sens. D'ailleurs, l'existence d'une tradition marxiste « antifasciste » n'est pas étrangère à la culture allemande : c'est cette tradition qui a servi de légitimation intellectuelle à l'ex-RDA.

Quoi qu'il en soit de la situation respective des historiens français et allemands en face de la compréhension du XXe siècle, il est clair que l'obsession du fascisme, donc de l'antifascisme, a été instrumentalisé par le mouvement communiste comme le moyen de cacher sa réalité aux yeux de l'opinion. D'où il suit qu'il faut faire la critique de cette vision qui a pris la force d'une théologie pour entrer dans l'histoire réelle du fascisme et du communisme. À cet égard vous avez ouvert la voie, et avec le recul du temps, dans dix ou dans cinquante ans, cela sera clair pour tout le monde.

Venant d'ailleurs, mais comme vous je cherche à comprendre l'étrange fascination qu'ont possédée dans notre siècle les deux grands mouvements idéologiques et politiques qu'ont été le fascisme et le communisme. Vous braquez le projecteur sur le fascisme, alors que j'ai essayé de comprendre la séduction de l'idée communiste dans les esprits. Mais personne ne peut comprendre l'un des deux camps sans considérer aussi l'autre, tant ils sont interdépendants, dans les représentations, les passions, et la réalité historique globale.

La haine de la bourgeoisie

Cette interdépendance peut être étudiée de plusieurs façons. Sous l'angle des idées, sous l'angle des passions, sous l'angle des régimes, par exemple. Le premier aspect conduit à étudier comment la politique démocratique a été écartelée entre l'idée de l'universel et celle du particulier ou, pour parler votre langage, entre la transcendance et l'immanence : antagonisme philosophique qui nourrit des passions d'hostilité réciproque. Le mouvement fasciste s'est nourri de l'anticommunisme, le mouvement communiste de l'antifascisme. Mais tous les deux partagent une haine du monde bourgeois qui leur permet aussi de s'unir. Enfin, la comparaison entre les deux régimes, bolchevique stalinien et hitlérien, a alimenté depuis les années 1930 une vaste littérature, à laquelle Hannah Arendt a donné après la guerre son argumentation la plus connue (mais non la seule).

J'ai tenté dans mon livre de rendre justice à tous ces aspects. Comme vous l'avez bien compris, je suis à cet égard plus proche de votre interprétation que de celle d'Arendt. L'idée de totalitarisme, si elle permet de comparer ce qui est comparable dans les régimes de Staline et de Hitler, reste impuissante à expliquer leurs origines si différentes. Celle qui consiste à suivre le développement « historico-génétique », pour reprendre vos termes, des régimes fascistes et communistes me paraît plus convaincante et d'une plus grande force d'interprétation. Pourtant, je me sépare de vous sur un point important. Il me semble que vous insistez trop sur le caractère *réactif* du fascisme au communisme, c'est-à-dire sur le caractère postérieur de son apparition dans l'ordre chronologique, et sur sa détermination par le précédent d'Octobre. Je vois, moi, dans les deux mouvements, deux figures potentielles de la démocratie moderne, qui surgissent de la même histoire.

Seulement une part de vérité

Lénine prend le pouvoir en 1917, Mussolini en 1922, Hitler échoue en 1923 pour réussir dix ans plus tard : ainsi, dix ans plus tard, le fascisme mussolinien peut être conçu comme une « réaction » à la menace d'un bolchevisme à l'italienne, surgi lui aussi de la guerre, et constitué plus ou moins sur l'exemple russe. On peut faire de la même façon du nazisme une réponse à l'obsession allemande du Komintern, réponse faite sur le mode révolutionnaire et dictatorial du communisme. Ce type d'interprétation comporte une part de vérité, dans la mesure où la peur du communisme a nourri les partis fascistes, mais, à mon sens, seulement une part : car elle a l'inconvénient de masquer ce que chacun des régimes fascistes a d'endogène et de particulier, au bénéfice de ce qu'ils combattent en commun. Les éléments culturels dont ils se sont fait une « doctrine »

préexistent à la guerre de 1914 et donc à la révolution d'Octobre. Mussolini n'a pas attendu 1917
pour inventer le mariage de l'idée révolutionnaire
et de l'idée nationale. L'extrême droite allemande,
et même la droite tout entière, n'ont pas besoin du
communisme pour détester la démocratie. Les
nationaux-bolcheviks ont admiré Staline. Je veux
bien que Hitler privilégie la haine du bolchevisme,
mais c'est en tant que produit final du monde
bourgeois démocratique. D'ailleurs, certains de
ses plus proches affidés, comme Goebbels, ne font
pas mystère de détester Paris et Londres plus que
Moscou.

Je pense donc que la thèse du fascisme comme
mouvement « réactif » au communisme n'explique
qu'une partie du phénomène. Elle échoue à
rendre compte de la singularité italienne ou allemande. Surtout, elle ne permet pas de comprendre ce que les deux fascismes peuvent avoir
d'origines et de traits communs avec le régime
détesté. Je me suis expliqué là-dessus assez lon-
guement dans le chapitre VI de mon livre (p. 197-
198 notamment) pour vous épargner ce qui risquerait de n'être qu'une redite. J'ajoute pourtant
qu'en assignant une signification non seulement
chronologique mais causale à l'antériorité du bolchevisme sur le fascisme, vous vous exposez à
l'accusation de vouloir d'une certaine manière
disculper le nazisme. L'affirmation que « le Goulag a précédé Auschwitz » n'est pas fausse et elle

n'est pas non plus insignifiante. Mais elle n'a pas le sens d'un lien de cause à effet.

Je retrouve la même divergence avec vous dans l'analyse que vous faites des « motivations rationnelles » qu'aurait eues l'antisémitisme hitlérien. Non que l'existence d'un grand nombre de Juifs dans les différents états-majors du communisme mondial, Parti russe en tête, ne soit un fait avéré. Mais Hitler et les nazis n'en avaient aucun besoin pour donner une substance à leur haine des Juifs, plus vieille que la révolution d'Octobre. Mussolini, d'ailleurs, qu'ils mettaient si haut, avait avant eux conduit à la victoire un fascisme anticommuniste qui n'était pas antisémite. Je retrouve ici le désaccord qui me sépare de vous sur les origines du nazisme, plus anciennes et plus spécifiquement allemandes que l'hostilité au bolchevisme. Avant d'avoir été les boucs émissaires du bolchevisme, les Juifs l'ont été de la démocratie. Et s'il est vrai qu'ils prêtent le flanc à cette malédiction, par la relation privilégiée qu'ils entretiennent avec l'universalisme moderne, ils le font dans les deux rôles, et comme bourgeois, et comme communistes, la première image étant antérieure à la seconde (au reste, vous soulignez vous-même que s'ils sont nombreux dans les rangs communistes, on les trouve aussi au premier rang de l'anticommunisme libéral dans le siècle). Ici encore je retombe sur la violence particulière de la culture allemande contre la démocratie moderne, comme sur un élément explicatif du nazisme, antérieur au bolchevisme. Ce que vous appelez le « noyau rationnel » de l'antisémitisme nazi est plutôt fait à mes yeux de la superposition imaginaire de deux incarnations successives, mais non incompatibles, de la modernité par les Juifs. Il me semble que la lecture de *Mein Kampf* confirme cette interprétation. Le bolchevisme n'y est que la dernière forme de l'entreprise de domination mondiale des Juifs.

Mais la question est trop vaste et trop centrale pour que nous n'y revenions pas dans nos prochains échanges.

Croyez à ma considération.
François FURET

Paris, le 3 avril 1996

IV

Du Goulag à Auschwitz

ERNST NOLTE

Mon cher collègue,

Permettez-moi d'abord de vous exprimer en toute objectivité mon admiration pour le courage dont vous avez fait preuve. Si même des universitaires du monde anglo-saxon ont à votre égard des réactions comme celles que vous évoquez au début de votre lettre, combien plus grandes doivent être l'indignation et la colère en France et en Italie !

En outre, personne ne vous a contraint d'adopter une position favorable à mon œuvre dans la longue note des pages 195-196 de votre livre. S'il est vrai qu'il n'eût pas manqué, de toute façon, de déclencher une forte opposition, les réactions émotionnelles les plus négatives n'eussent sans doute pas pu y trouver de quoi s'alimenter si vous n'aviez pas mentionné l'auteur « diabolisé » par les gens de gauche en Europe. Vous n'avez pu obéir qu'à l'honnêteté scientifique qui se refuse à dissimuler ce qui, d'une manière ou d'une autre, a joué un rôle important dans l'élaboration de vos propres conceptions. Qu'un mobile de cette sorte puisse se manifester en dépit de tous les soupçons a quelque chose d'extraordinairement consolant parmi tant de motivations qui n'ont rien à voir avec le travail scientifique.

Parfois, je m'étonne tout de même des manifestations d'agressivité de la gauche actuelle, et je ne puis même y penser sans trouver là quelque ridicule. Est-il véritablement si difficile de constater qu'une nécessité interne nous pousse vers la conception « historico-génétique » de la théorie du totalitarisme si l'on est attaché à l'essentiel de l'interprétation marxiste du XXe siècle sans admettre la prétention du marxisme, et donc du communisme, à détenir la vérité absolue ? Qu'ont donc souligné le plus fortement tous les théoriciens marxistes sinon que les fascismes furent des réactions, désespérées et condamnées à l'échec, de la bourgeoisie face à la montée victorieuse du mouvement socialiste et prolétarien ? Or si cette conception n'est pas fondée sur la connaissance des lois inexorables de l'histoire universelle, si elle n'est, au contraire, qu'une arme utilisée par un parti politique au cours de ses luttes, arme qui *ne* le distingue *pas* foncièrement des autres partis — bien qu'il faille certainement lui reconnaître un statut particulier —, si elle repose sur une compréhension insuffisante de la « société bourgeoise », et si son échec final est rien moins qu'un hasard, l'image de l'époque revêt alors de tout autres contours quand bien même certaines lignes essentielles de l'interprétation seraient conservées. La version historico-génétique de la théorie du totalitarisme est bien plus proche de l'analyse marxiste que la version « classique » ou structurelle, et sans doute est-ce cette proximité qui suscite tant d'agressivité.

Des réactions compréhensibles

D'un autre côté, je ne veux pas refuser aux réactions hostiles qu'elles soient néanmoins compréhensibles pour leur part. Être proche de la conception marxiste implique, en effet, d'emblée une certaine proximité avec l'interprétation fasciste, laquelle est, de manière si patente, profondément dépendante de l'analyse marxiste. Si l'on juge illégitime le mouvement communiste, si l'on va même jusqu'à y voir une sorte d'attentat contre la « civilisation occidentale », la balance de la justice historienne penchera sans équivoque en faveur des fascismes. Ce *n'est pas* là, en tout cas, ce que je pense, et lorsque, dans votre prise de position publiée dans *Le Débat* [1], vous semblez insinuer que je vous ferais reproche de votre engagement antérieur dans le PCF, je ne puis que

---

1. François Furet, « Sur l'illusion communiste », *Le Débat*, n° 89, mars-avril 1996, p. 170 *sq.* (*NdlR*).

vous contredire. S'il n'y avait pas eu le mouvement ouvrier du XIXe siècle pour s'insurger
contre les formes précoces et terribles de l'économie de marché et de concurrence, si la Première Guerre mondiale n'avait suscité que des
réflexions d'ordre pragmatique sans que se
manifestât un pacifisme militant, il faudrait
désespérer de l'humanité. Même si ses illusions
utopiques ont été démenties par l'Histoire, le
mouvement marxiste-communiste avait de la
grandeur et ceux qui y sont restés tout à fait
étrangers doivent aujourd'hui s'en faire reproche
plutôt que ceux qui s'y engagèrent. C'est ainsi
que, déjà dans *Faschismus in seiner Epoche*,
je donnais explicitement raison au fasciste
Mussolini contre ses camarades d'un temps dans
la mesure où il prédisait encore au capitalisme
une grande longévité ; mais je n'ai jamais éprouvé
le moindre doute quant au fait que je voyais
dans le marxisme un mouvement plus originaire,
le produit de très anciennes racines, et, dans les
fascismes, une réaction d'ordre secondaire, pour
une large part artificielle, reposant sur des pos-
tulats. C'est pourquoi tous ceux qui m'imputent
pour mobile premier l'« anticommunisme » se
trompent. On pourrait tout au plus parler d'un
antiabsolutisme, c'est-à-dire d'un refus de toute
prétention à une vérité absolue. Mais la prétention à une vérité absolue telle que Hitler l'affirmait, à savoir l'idée que les Juifs « tiraient les fils
de l'histoire mondiale », ne vaut pas même, à

mes yeux, d'être niée, elle mérite tout simplement d'être rejetée.

Il est plus sûr, bien entendu, de se garder de toute forme de proximité à l'égard du national-socialisme, et de doter d'une inflexion négative tout ce que le national-socialisme avait doté d'une inflexion positive, et *vice versa* — comme c'est, par exemple, le cas de la thèse prévalant dans mon pays d'une « exceptionnalité allemande », laquelle aurait atteint son paroxysme dans le nazisme. J'ai récemment pu de nouveau constater, et précisément dans le contexte de notre discussion, à quel point une imprécision apparemment négligeable peut facilement donner motif à des reproches justifiés.

Dans ma contribution au *Débat*, on peut lire : « parce qu'on s'obstine à considérer les Juifs comme les victimes d'une entreprise infâme, et non comme les acteurs d'une tragédie » (p. 146). Sous cette forme, l'énoncé est erroné, il suscite même l'indignation. Mais l'allemand disait autre chose : « (...) parce qu'on ne veut pas considérer les Juifs comme des acteurs participant à une tragédie, mais uniquement [!] comme les victimes d'une entreprise scélérate [2] ». L'idée de « participation » (*Mit* dans *Mitwirkende*) comme la nuance restrictive de l'adverbe « uniquement » (*nur*)

---

2. « Weil man die Juden nicht als Mitwirkende in einer Tragödie, sondern nur (!) als Opfer in einem Schurkenstreich sehen will. »

donnaient à la phrase un caractère beaucoup moins absolu, et ce qui, selon toute vraisemblance, n'avait été qu'une simple négligence de traduction, entraînait une grave modification du sens.

Je n'ai pas besoin de vous dire que je prends plus au sérieux que n'importe quelles autres les critiques venant de vous. Vous pensez que j'insiste par trop sur le caractère réactif des fascismes, et que, ce faisant, je négligerais leurs racines propres — l'antisémitisme de Hitler, par exemple, aurait été virulent bien longtemps avant la Première Guerre et ne pourrait donc être également une réaction au bolchevisme.

Un *nexus* causal

Vous avez parfaitement raison de penser que le national-socialisme, en effet, ne saurait en aucun cas être déduit exclusivement d'une réaction au mouvement bolchevique, qu'il existait, au contraire, même avant-guerre, un nationalisme allemand brutal, et que des intentions explicites d'extermination des Juifs avaient été exprimées même dans le programme d'un parti. Un rapide coup d'œil dans votre domaine de spécialité, la Révolution française et sa préhistoire, pourra peut-être contribuer à éclaircir le propos. Bien avant 1789, il existait, en Allemagne aussi, des tendances opposées aux Lumières qui adressaient à leurs partisans des reproches tout à fait semblables à ceux qui, plus tard, visèrent les Jacobins. Néanmoins, ces tendances eurent un autre caractère lorsque le roi fut condamné à mort puis exécuté : les choses devenaient alors « vraiment sérieuses ». C'est à peu près de la même manière, selon moi, que les choses devinrent « vraiment sérieuses » pour Hitler lorsqu'il fut confronté à la réalité de ce qu'il appelait la « sanglante dictature russe » et la « destruction de l'intelligentsia nationale ». C'est ainsi seulement, je le crois, qu'il est possible d'établir un « *nexus* causal » entre le Goulag et Auschwitz. « *Nexus* causal » ne signifie pas, bien entendu, quelque chose comme une articulation contraignante obéissant aux causalités que peuvent constater les sciences de la nature, et qui se déroulerait par-delà les conceptions et opinions humaines. Si l'on écarte de la réflexion les vues de Hitler et de ses tout proches affidés, alors il n'y a pas de « *nexus* causal » entre le Goulag et Auschwitz, et, autant qu'on puisse en juger, il n'y aurait pas eu d'Auschwitz. Néanmoins, il est loisible de parler d'un *nexus* plus subtil : si quelqu'un, peu importe qui, s'était promis d'opposer au bolchevisme un régime « aussi résolu et conséquent », il faudrait bien qu'y existât aussi quelque chose d'analogue à la si considérable « abolition des classes », si clairement réclamée par l'idéologie, et dont l'objet principal pourrait difficilement être un autre groupe que les Juifs.

L'affirmation selon laquelle, dans l'Histoire, les Juifs avaient depuis toujours été à l'origine de

« toute inégalité et de toute injustice sociale » était manifestement irrationnelle, voire ridicule, rien de plus qu'un pendant bizarre de la thèse des premiers socialistes et des marxistes fustigeant le caractère destructeur de la propriété privée. Mais le « noyau rationnel » de l'antijudaïsme nazi consiste dans la réalité factuelle du grand rôle joué par un certain nombre de personnalités d'origine juive — et manifestement en raison des traditions universalistes et messianiques propres au judaïsme historique — au sein du mouvement communiste et socialiste. « Noyau rationnel » ne signifie pas nécessairement « noyau légitime » : « rationnel » veut dire quelque chose que l'on peut appréhender de manière intelligible ou que l'on peut se représenter de manière immanente. Au Moyen Âge, il y eut l'« antisémitisme » des affabulations sur l'utilisation du sang chrétien ou sur les « meurtres rituels », mais on peut considérer comme noyau rationnel des pogromes le monopole juif (contraint plutôt que voulu) du prêt financier. Il est possible de comprendre rationnellement ces mouvements d'insurrection contre l'« usurier », mais ils étaient sans doute injustifiés car ils menaçaient le développement de l'économie marchande. C'est en ce sens que, selon moi, l'« antisémitisme » nazi avait lui aussi un noyau rationnel, mais ce dernier n'était pas non plus légitime car il menaçait un développement possible et positif : le passage du mouvement ouvrier à la social-démocratie, au sein de laquelle certains

Juifs tels Otto Bauer ou Léon Blum jouèrent également un rôle important. C'est précisément la raison pour laquelle me semble injustifiée l'idée que
ce serait faire l'apologie du nazisme que de le
considérer comme étant d'abord une réaction
contre le bolchevisme. Le nazisme ne fut, certes,
pas seulement une réaction contre le bolchevisme,
mais une réaction excessive, et, en règle générale,
l'excès dans ce qui est au départ justifié conduit à
l'injustifiable. En tant que nationalisme allemand,
le nazisme n'était pas moins légitime que le nationalisme français ou italien, mais dès qu'il a pris la
forme d'une privation des droits, telle qu'elle était
stipulée au point 4 du programme de son parti, il
devint un excès illégitime.

Des objections légitimes

Mais j'insiste encore une fois sur le fait que je ne
rejette pas d'emblée certaines objections, même
lorsqu'elles sont moins soigneusement justifiées
que ne le sont les vôtres. En particulier, je ne peux
contester sa légitimité au fait de se demander si
l'on ne devrait pas faire l'économie, si peu de
temps après Auschwitz, de toute question concernant une « participation » des Juifs, puisque ce
genre d'interrogation ne manquerait pas de rou-
vrir les plaies, et pourrait même, le cas échéant,
être instrumentalisée par d'actuels antisémites.
Ceci pourrait être la raison du fait qu'on a trop

exclusivement mis en avant le caractère de « victime » des Juifs. Ce faisant, ne s'est-on pas fermé la perspective sur ce qui était véritablement important : la grandeur historique des Juifs — « peuple de Dieu » ou « peuple de l'humanité » — n'autorise pas à mettre les Juifs sur le même plan que les Tziganes et les romanichels qui, de fait, ne furent que des victimes ? Est-ce que tout ce qui possède quelque grandeur historique ne va pas de pair avec une conscience de soi spécifique, comme avec la louange de ses amis et la critique de ses ennemis ? N'est-on pas aussi injuste à l'égard des Juifs qu'à celui des Allemands (*per impossibile*) lorsqu'on affirme que tout antigermanisme et tout antijudaïsme, dont les débuts apparaissent bien dès l'Antiquité, reposeraient sur de simples préjugés ? S'interroger sur le « noyau rationnel » de l'antijudaïsme nazi n'ouvrirait-il pas un accès à la compréhension adéquate d'autres attitudes « anti », que l'on peut déplorer d'un point de vue moral, mais qui constituent néanmoins une partie si essentielle de l'histoire universelle ?

Je ne m'étonnerais pas outre mesure si maints critiques allaient jusqu'à affirmer que j'eusse ici plaidé « pour l'antisémitisme ». En vérité, je ne plaide que pour qu'on prenne au sérieux certaines oppositions, par exemple l'opposition entre universalisme et particularisme, opposition qui, bien entendu, n'était pas de nature absolue mais « dialectique », et qui, j'en suis convaincu, l'est encore aujourd'hui. Si je ne me trompe pas, vous-même, dans votre livre, définissez justement comme une « illusion » le fait que l'universalisme puisse dénier toute légitimité au particularisme et, partant, puisse l'annihiler. Quelles menaces pour le monde et, d'abord, pour la discipline historique, comporte l'unique exigence absolue qui est exprimée aujourd'hui, celle de l'égalitarisme universaliste, voilà qui nécessite encore de longues réflexions.

J'attends avec plaisir votre réponse et je vous adresse mes profondes salutations,

Votre collègue
Enrst NOLTE
Berlin, le 9 mai 1996

V

Le rapport dialectique
fascisme-communisme

FRANÇOIS FURET

Mon cher collègue,

Votre deuxième lettre précise, et réduit, à ce qu'il me semble, l'espace de notre désaccord, sans l'abolir.

Laissez-moi vous dire d'abord, en ce qui vous concerne personnellement, comment j'ai été amené à écrire cette longue note à votre sujet. Quand j'ai commencé à travailler au *Passé d'une illusion*, en 1989, j'avais lu vos livres au fur et à mesure de leur parution, à cause de l'intérêt que j'avais pris, au milieu des années 1960, aux trois volumes du *Fascisme en son époque*. Je n'ai pas éprouvé tout de suite le besoin de les relire, puisque je travaillais sur l'idée communiste, et non pas sur l'idée, ou sur le mouvement, fasciste. Mais au bout d'un ou deux ans, alors que mon travail avançait, je me suis constamment heurté au problème du rapport dialectique communisme/fascisme : à l'engendrement et au renforcement mutuels des deux grandes idéologies de masse surgies de la Première Guerre. C'est ce qui m'a conduit à reprendre vos travaux, que j'aurais pu citer simplement comme tous ceux qui figurent dans les notes de mon livre. Mais votre œuvre a la double particularité d'avoir eu l'ambition de présenter une interprétation générale de l'histoire européenne au XXe siècle, et d'avoir été non pas ignorée, mais combattue par le silence et l'excommunication. À ce double titre, elle méritait d'être l'objet d'un commentaire particulier. Je me suis toujours bien trouvé, dans mon métier d'historien, de retraverser l'historiographie de la question que je voulais traiter. Dans l'état actuel des travaux disponibles sur la période des deux guerres mondiales en Europe, votre œuvre me paraît au premier rang de celles qui doivent être discutées par quiconque entreprend de travailler sur ou autour des problèmes posés par les événements de cette époque.

Pourquoi ? Parce que la seule manière profonde d'aborder l'étude des deux idéologies et des deux mouvements politiques inédits qui sont apparus au début de notre siècle, le communisme marxiste-léniniste et le fascisme, sous sa double forme italienne et allemande, consiste à les prendre *ensemble*, comme les deux faces d'une crise aiguë de la démocratie libérale, survenue avec la guerre de 1914-18. C'est une vieille réalité de la culture politique européenne que cette critique de l'abstraction démocratique moderne au nom de l'ancienne société « organique », à droite, et de la « future » société socialiste, à gauche. Le nouveau, avec la Première Guerre mondiale, est l'extrême radicalisation de cette double critique, avec le léninisme et le fascisme. Le léninisme tire sa force d'incarner par sa victoire la vieille espérance du mouvement ouvrier, même au prix d'une formidable invraisemblance ; le fascisme, de récupérer au profit des adversaires des idées démocratiques la fascination d'un *demain*, c'est-à-dire d'une société future, et non plus passée. Depuis qu'il a paru sur le théâtre européen, l'*homo democraticus* souffre d'être privé par la civilisation libérale d'une vraie communauté humaine, dont les deux plus fortes représentations sont l'association universelle des producteurs ou le corps national des citoyens. Les deux images se trouvent incarnées dans l'histoire réelle au sortir de la guerre de 1914.

Jusque-là je crois que nous sommes en gros d'accord, et je conviens comme vous que cette approche « généalogique » de la tragédie européenne est plus intéressante que la comparaison « structurelle » des totalitarismes hitlérien et stalinien. Le point qui lie en profondeur communisme et fascisme c'est le déficit politique constitutif de la démocratie moderne. Les différents types de régimes totalitaires qui se sont établis en leur nom ont comme point commun la volonté de mettre fin à ce déficit, en redonnant le premier rôle à la décision politique, et en intégrant les masses au parti unique par l'affirmation constante de leur orthodoxie idéologique. Le fait que les deux idéologies se proclament en situation de conflit radical ne les empêche pas de se renforcer l'une l'autre par cette hostilité même : le communiste nourrit sa foi de l'antifascisme, et le fasciste de l'anticommunisme. Et tous les deux, d'autre part, combattent le même ennemi, la démocratie bourgeoise. Le communiste voit celle-ci comme le terreau du fascisme, le fasciste comme l'antichambre du bolchevisme, mais l'un et l'autre combattent pour la détruire.

À ce point de l'analyse, vous introduisez une distinction d'origine chronologique, mais à laquelle vous donnez une signification causale : à savoir, que la révolution bolchevique est un peu antérieure au fascisme, qui se définit essentiellement contre elle, comme une réaction antimarxiste. Et vous avez tout à fait raison d'écrire dans votre lettre que, ce faisant, vous reprenez, au moins partiellement, l'interprétation marxiste du XXe siècle : celle-ci a en effet considéré les mouvements fascistes comme une réponse des démocraties bourgeoises à la menace bolchevique, dans l'époque de l'impérialisme, c'est-à-dire de l'étape ultime de la production marchande. Si on laisse de côté le diagnostic de la fin imminente du capitalisme, bien évidemment erroné, il reste que la définition du fascisme comme un mouvement réactif à la révolution bolchevique est fondamentale dans l'analyse marxiste-léniniste comme dans la vôtre : proximité qui explique peut-être une partie des passions hostiles que votre thèse a suscitées dans la gauche européenne.

Mais si je suis bien d'accord que bolchevisme et fascisme sont interdépendants, je ne crois pas qu'on puisse les interpréter à la seule lumière de leur apparition successive dans l'Histoire. Les communistes l'ont fait pour souligner le caractère unique, radicalement neuf, de la révolution d'Octobre, par opposition au caractère dérivé du fascisme, dernier avatar de la domination capitaliste, identique en son fond à tous les régimes produits par cette domination. Vous, au contraire, avez été soupçonné par vos adversaires de chercher à disculper le fascisme, et particulièrement le nazisme, en le déduisant, en quelque sorte, de la peur du bolchevisme. Dans votre deuxième lettre, vous rejetez cette accusation, avec deux arguments que, sauf erreur de ma part, je n'ai pas trouvé dans vos écrits récents, mais qui renvoient sans doute à vos travaux plus anciens sur le marxisme. Le premier tient dans l'affirmation de la « grandeur » de l'illusion marxiste-léniniste, du fait de son universalisme — grandeur qui relègue au second plan l'idée fasciste, « secondaire et en partie artificielle ». Le second est que vous admettez l'existence de racines culturelles du fascisme antérieures à la guerre, et indépendantes du bolchevisme. Il est vrai que vous en atténuez le rôle, en les comparant aux idées contre-révolutionnaires en France dans leur période d'incubation, avant l'exécution de Louis XVI.

Le rôle de la guerre

Je ne suis pas sûr que dans la Révolution française la mort de Louis XVI soit cette ligne de partage des eaux que vous évoquez ; j'aurais tendance à voir dans le schisme religieux, dès 1791, un facteur plus important. Mais cette question est secondaire pour notre discussion. L'essentiel à mes yeux est qu'en admettant l'existence d'un corps de doctrine fasciste ou fascisant déjà plus ou moins constitué avant 1914, vous affaiblissez considérablement la thèse d'un fascisme purement réactif au bolchevisme. Si vous tentez de sauver cette thèse par la distinction entre la puissance latente d'une idée et la force historique qu'elle devient à la suite d'un jeu de circonstances donné — distinction indispensable pour tout historien —, alors je vous dirai que la guerre de 1914, à elle seule, joue un rôle probablement plus grand dans l'« actualisation » du fascisme que même la révolution d'Octobre. Comment expliquer autrement la part qu'y a prise la défaite, en Allemagne, ou l'humiliation nationale, en Italie ? Je tiens beaucoup à cette idée de l'autonomie politique du fascisme par rapport au bolchevisme, ou, si vous préférez, à son caractère endogène à l'intérieur de la culture européenne, car à mes yeux, comme je l'explique dans le premier et le sixième chapitres de mon livre, le fascisme est la solution enfin disponible aux impasses de l'idée contre-révolutionnaire (p. 208-211). Il permet de récupérer le charme de la révolution au service d'une critique radicale des principes de 1789.

Ce qui explique son effet d'entraînement sur les masses est bien évidemment une absolutisation de l'idée nationale — comme, en sens inverse, la mythologie d'Octobre 17 a pris appui sur une absolutisation de l'idée universaliste. Même dans l'Allemagne nazie, la passion nationaliste a été ce qui a lié le plus fortement, et jusqu'au bout, le peuple allemand à l'aventure hitlérienne. Pourtant, dans ce cas, cette passion a été absolutisée par Hitler sous la forme extrême de l'élection biologico-historique d'une race supérieure, appelée à la domination du monde. C'est au nom de cette « théorie », superposée à un nationalisme exacerbé (qui avait suffi à nourrir le fascisme italien), que l'armée allemande a procédé pendant la Deuxième Guerre mondiale au massacre des Juifs européens.

Le massacre des Juifs européens

Vous voulez donner à ce massacre, de la part de Hitler et des nazis, ce que vous appelez un « noyau rationnel ». Mais d'après les exemples que vous avancez, je n'arrive pas à comprendre ce que vous entendez par « rationnel ». Si vous voulez dire par là « intelligible par la raison », je vous ferai remarquer que les croyances les plus folles le sont : et l'imputation aux Juifs de toutes les injustices sociales n'est pas plus « irrationnelle » que l'assimilation du bolchevisme à un complot dont ils tireraient les ficelles. Dans les deux cas, on part d'un fait vrai — l'existence de grands capitalistes juifs, ou la présence d'un certain nombre de Juifs dans le premier état-major bolchevique — pour en tirer des conséquences absurdes, qui peuvent aussi ouvrir la voie à des crimes. En ce qui concerne Hitler et ses affidés, d'ailleurs, les Juifs n'incarnent pas seulement à leurs yeux le bolchevisme, mais aussi le capitalisme apatride. Ils leur permettent de réunir magiquement dans une même haine un seul peuple supposé incarner deux idées et deux régimes sociaux contradictoires. L'historien peut apercevoir, là encore, où prend naissance ce mirage à la fois puissant et pervers : pour beaucoup de raisons, dont je n'ai pas la place ici de faire l'inventaire même sommaire, les Juifs sont dans le monde moderne le peuple le plus porté à l'universalisme — donc à la fois au libéralisme et au communisme —, après avoir été le peuple le plus persécuté-ghettoïsé par l'Europe chrétienne et enfermé dans la promesse de son élection divine qui lui a permis de survivre. Mais ce trait si extraordinaire que présentait le judaïsme européen moderne (ou « assimilé », selon le terme français) avant la Deuxième Guerre mondiale ne permet de donner aucun « noyau rationnel » à la croyance qu'en éliminant les Juifs on se débarrasse à la fois du communisme et du capitalisme. Cette croyance reste tout à fait « irrationnelle » (au regard de son examen par la raison), même si l'historien peut en trouver les sources dans l'expérience du passé, transfigurée par la passion idéologique.

La spécificité des passions et des crimes

Permettez-moi d'ajouter, puisque vous m'écrivez que vous êtes sensible à l'émotion générale qui entoure toujours en cette fin de siècle le massacre des Juifs par l'Allemagne nazie, qu'en ce domaine plus qu'en aucun autre le vocabulaire employé doit éviter l'ambiguïté. Je ne vous soupçonne ni d'être antisémite, ni de vouloir masquer le crime du génocide juif, ce que vos livres attestent clairement. Mais pourquoi dès lors avoir l'air d'en chercher des éléments d'explication dans un précédent, tiré d'un autre régime, dans un autre pays ? C'est une reprise de votre thèse selon laquelle le fascisme tient tout entier dans une réponse au bolchevisme, mais elle n'est pas plus convaincante sous cet angle que dans son aspect général. L'antisémitisme est une passion étrangère à la Révolution russe (même si, dans un stade ultérieur, sous Staline, celle-ci a pu l'utiliser), et je ne crois pas qu'on puisse trouver dans les propos de Hitler le rapprochement entre l'extermination des koulaks et celle des Juifs que vous esquissez. L'histoire parallèle du bolchevisme et du fascisme, que je crois comme vous nécessaire à l'intelligence du

XXᵉ siècle européen, ne doit pas obscurcir la spécificité de leurs passions et celle de leurs crimes, inséparable de ce qui les fait être, chacun, ce qu'ils sont : sinon, comment pourrait-on rendre compte des intentions des acteurs ? Hitler n'a pas eu besoin du précédent soviétique de la liquidation des koulaks pour envisager, prévoir, recommander la liquidation des Juifs. Du chemin entre l'intention avouée et le passage à l'acte, la guerre et la conquête ont fourni l'occasion, sans qu'il soit nécessaire de recourir à l'hypothèse d'une « imitation » de la terreur antikoulak du début des années 1930.

Le trait particulier du nazisme, comme idée et comme régime, est d'avoir tenté de transformer la haine des Juifs, passion politique répandue dans toute l'Europe de l'époque, en massacre général des Juifs, liquidation physique d'un peuple considéré comme n'appartenant pas au genre humain. Cela ne signifie ni que l'histoire si extraordinaire du judaïsme puisse être réduite à la tragédie d'un peuple bouc émissaire et victime de la modernité ; ni que les sentiments nationaux soient sans honneur, ou que le rôle des nations dans le développement de la culture soit épuisé : là-dessus je suis d'accord avec vous. Mais cela fait obligation à l'historien de regarder l'« absolutisation » des émotions nationales, pour reprendre votre expression, comme une malédiction spécifique de l'histoire allemande, qui reste à mes yeux le phénomène le plus énigmatique du XXᵉ siècle.

Je suis heureux que cette correspondance me donne l'occasion de discuter avec vous ces questions difficiles, et vous prie de croire à mes sentiments de considération.

François FURET
24 juin 1996

VI

Sur le révisionnisme

ERNST NOLTE

Mon cher collègue,

Je ne crois pas, en ce qui concerne le « noyau rationnel » de l'antisémitisme nazi, que nous devions nous satisfaire d'un « *agreement to disagree* », d'un accord sur notre désaccord. C'est pourquoi j'aimerais expliquer ma conception par un exemple et montrer en même temps qu'il existe plusieurs voies qui mènent du « rationnel » à « l'irrationnel ».

Le noyau rationnel

Le « noyau rationnel » dont il s'agit peut être exprimé en une proposition simple qui dirait à peu près ce qui suit : c'est dans une proportion très largement supérieure à la moyenne que des hommes et des femmes d'origine juive ont pris part au développement intellectuel comme à celui

75

des organisations, de l'idéologie et du mouvement socialistes en Europe, puis, également, à la conquête du pouvoir et aux premiers temps de la domination du bolchevisme en Russie. Cette proposition se réfère non pas à ce qui ne serait qu'une méthode de connaissance, mais à une réalité, et elle n'est pas contestable, certainement pas entre vous et moi, car, sous une forme ou sous une autre, elle se trouve dans de nombreux travaux de spécialistes qui, en règle générale, donnent également de ce fait une explication claire.

Fondamentalement, cette proposition est le pendant d'une autre, tout aussi peu contestable : parmi les lauréats du prix Nobel, les savants d'origine juive sont représentés dans une proportion bien supérieure à la moyenne. Ce constat est d'ordinaire et à bon droit entendu comme un titre de gloire. Mais il n'est pas tout à fait inimaginable que cette louange puisse se muer en un reproche, voire en une accusation, au cas où la tendance antiscientifique, laquelle représente partout dans le monde occidental un courant existant au sein de l'« opinion publique », gagnerait en force et se radicaliserait. Il serait néanmoins à peu près exclu qu'un quelconque fanatique en vînt à l'idée d'affirmer que les sciences de la nature, voire la science en général, seraient un *produit* juif. Ce serait, en effet, selon nos critères actuels, tout simplement absurde, « irrationnel » précisément, bien que le constat de départ ait été objectivement juste et, donc, tout à fait rationnel. Au reste, ce serait en même temps surévaluer de manière tout à fait incroyable un seul groupe d'hommes, peu nombreux de surcroît : un phénomène mondial comme la science ne peut pas être imputé à l'activité d'un seul peuple, aussi doué soit-il, qui en serait la « cause ».

Ce passage du rationnel à l'irrationnel, qui, concernant la science, semble aujourd'hui encore exclu, a pourtant bien eu lieu au XIXᵉ et au XXᵉ siècle lorsqu'il s'est agi du socialisme puis du bolchevisme. Bien entendu, il ne s'est produit que chez les adversaires du socialisme, mais ceux-ci représentaient un nombre considérable d'hommes très divers. En principe, il serait aujourd'hui tout aussi possible d'évaluer positivement la surreprésentation des Juifs dans l'élaboration d'un phénomène dont la portée fut sans conteste mondiale. C'est d'ailleurs ce qui, très tôt, a commencé d'être fait, mais le socialisme établi n'a pas accepté ces tentatives car, avec raison, il ne pouvait voir dans cette collaboration tout au plus qu'une cause partielle de ses succès. Les adversaires convertirent cependant l'évaluation tendanciellement positive en son contraire et, dès la fin du XIXᵉ siècle, ils ont voulu voir dans les « révolutionnaires juifs », tels Marx et Lassalle, les principaux fondateurs du socialisme. Mais c'est seulement après la conquête du pouvoir par les bolcheviks qu'a pu se faire jour l'idée que les Juifs étaient responsables de ce funeste bouleversement. Ainsi se produisit, très réellement, cette conversion d'une interrogation rationnelle en une affirmation irrationnelle, alors qu'elle ne peut avoir lieu, dans le cas de la science, que dans le cadre d'une hypothèse réflexive.

Mais il y avait loin encore de l'interprétation irrationnelle au crime totalement irrationnel qui, par l'extermination précisément des plus pauvres et des plus démunis parmi le peuple juif, ne devait pas régler seulement la « question juive » mais aussi balayer le socialisme — plus exactement, le socialisme internationaliste, le socialisme marxiste — et, en fin de compte, la « modernité ». Il existe une série de preuves que des antisémites confirmés furent indignés par l'extermination des Juifs à l'est et tentèrent de s'y opposer dans la mesure de leurs moyens. Ce crime n'a pu être mis en œuvre qu'à partir du moment où un antisémite fanatique, pour des raisons qui n'avaient que peu de rapport avec l'antisémitisme, devint maître absolu d'un grand État et, donc, d'un puissant appareil ramifié. Sans l'intention de cette personnalité centrale que fut Hitler, il n'y aurait pu y avoir de solution finale, et c'est pourquoi, aujourd'hui encore, je m'en tiens à l'« intentionnalisme » qui n'est pas loin d'être disqualifié dans notre discipline. Mais le résultat effroyable et irrationnel partait, selon moi, d'un constat pertinent, et, en ce qui le concerne, le passage du rationnel à l'irrationnel peut être reconstitué de manière rationnelle.

Si je vous comprends bien, la véritable irrationalité consiste toutefois pour vous dans le fait que les Juifs ont été rendus simultanément responsables de deux systèmes sociaux qui, en réalité, sont diamétralement opposés, l'économie planifiée bolchevique et l'économie de marché capitaliste. Mais puis-je vous rappeler qu'au XIXᵉ siècle, déjà, des esprits tout à fait sérieux et raisonnables, même s'ils étaient certainement « conservateurs », ont soutenu l'idée que socialisme et capitalisme n'étaient que les deux côtés d'une même médaille, tous deux également opposés à l'État chrétien de la tradition européenne ? Et, de nos jours, les fondamentalistes islamistes, et aussi les pionniers d'une « voie asiatique », n'avancent-ils pas au fond le même argument ? De plus, avec un accent positif cette fois, la distinction opérée à l'ouest par nombre d'intellectuels de gauche, entre le bolchevisme, qui reposerait malgré tout sur un « idéal humaniste », et le fascisme, qui aurait donné corps à une idéologie hostile à l'humanité, ne repose-t-elle pas sur la même conception ? Là encore, ce n'est pas le constat de départ qui est irrationnel, mais seulement la conséquence illégitime qu'on en tire et que seuls en ont tirée sous cette forme les nazis, à savoir qu'il devait y avoir des responsables identifiables, ethniquement définis, de l'état de fait en question.

L'interprétation irrationnelle n'est pas, à mes yeux, d'origine « allemande ». Elle n'a pas non plus vu le jour seulement à partir de 1917. Je ne partage aucunement l'opinion selon laquelle le fascisme aurait été « exclusivement une réaction au bolchevisme ». Près de la moitié de mon livre, *Le Fascisme dans son époque*, est consacrée à la préhistoire du fascisme et du nazisme, et s'occupe donc de la période d'avant 1914. Son objet n'est cependant pas la tradition « allemande », mais la tradition « contre-révolutionnaire » qui est commune à toute l'Europe. C'est pourquoi, à mes yeux, Gobineau est plus important que Theodor Fritsch, voire que Heinrich von Treitschke, et il ressort très clairement de la dédicace de l'œuvre de Gobineau au roi de Hanovre que les « mouvements subversifs » dont il parle eussent été considérés par lui comme des préfigurations du bolchevisme s'il eut été vivant en 1917.

Je n'ignore pas que, depuis longtemps, ce reproche est dans l'air : faire du fascisme « *dans son époque* » un thème de recherche et le considérer comme un phénomène européen, ce serait objectivement « excuser l'Allemagne ». Mais j'ai pensé, et je continue de penser avec la même résolution, qu'on se fourvoie lorsqu'on veut enfermer dans les limites d'un seul État et d'une unique tradition nationale un courant essentiel de l'époque, époque qui, selon l'avis de tout le monde, ne se caractérise pas par une « globalisation » uniquement à partir de 1945. Emprunter cette voie ne serait pas si différent de l'interprétation qui veut faire du « peuple juif » le fondateur du socialisme et du bolchevisme. Mais je n'efface pas les différences qui assurément existent entre les nations, pas plus que je n'identifie le « fascisme radical » qui n'a pris le pouvoir qu'en Allemagne et le « fascisme normal » de l'Italie. On ne doit pas davantage dissoudre l'articulation entre le crime irrationnel et le constat rationnel, qui lui a servi de base, pour   faire de ce crime le résultat tout à fait incompréhensible d'un « mal absolu ».

Deux remarques critiques

Permettez-moi deux remarques critiques sur quelques-unes des phrases de votre lettre.

Vous dites que vous ne me soupçonnez pas d'être antisémite ni de vouloir « excuser le crime du génocide des Juifs », mais apparemment vous ne trouvez pas que ce soupçon soit tout à fait absurde puisque j'ai été chercher la cause du géno-cide dans un autre pays et non dans la patrie des criminels, c'est-à-dire en Allemagne. Or ne va-t-il pas de soi qu'un historien dont la recherche a pour objet l'antisémitisme ne doit pas plus être antisé-mite que ne doit être révolutionnaire l'historien qui s'occupe des Révolution américaine, anglaise ou française ? L'un comme l'autre souscrivent à la même obligation : aborder leur objet avec dis-tance, animé d'une volonté d'objectivité, en aucun cas ne se contenter d'articuler des invectives, aussi claire que puisse être sa propre conclusion. Mal-heureusement, la notion d'« antisémitisme » est, de nos jours, l'un des termes les plus dévoyés et les plus instrumentalisés. C'est tout autre chose de lancer des accusations contre « les Juifs » et de critiquer tel ou tel protagoniste, la plupart du temps autoproclamé, comme Elie Wiesel. Si ces deux démarches relèvent également de l'antisémitisme, il ne pourra bientôt plus être question de « liberté d'esprit ». En 1981, alors que j'étais invité par l'Université hébraïque de Jérusalem, je pus lire à mon grand étonnement, dans le *Jerusalem Post*, une lettre d'une lectrice juive qui se plaignait de l'« antisémitisme » de ses voisins qui, contrairement à elle, étaient, semble-t-il, des Juifs orthodoxes.

Je suis partisan d'opérer des distinctions au sein de l'antisémitisme, et de prendre au sérieux chacun des phénomènes ainsi distingués, c'est-à-dire de ne pas substituer des invectives à toute tentative de compréhension. Tout le monde n'approuvera pas un tel postulat, mais je ne vois pas comment des historiens pourraient le contredire.

Vous écrivez plus loin que, au nom d'une absolutisation de l'idéal national, « l'armée allemande a procédé au massacre des Juifs européens ». Je suis persuadé que vous élèveriez une objection si une revue de la gauche radicale écrivait que « la police française » avait participé avec empressement à la déportation des Juifs français. Si l'« armée allemande » avait été animée d'un désir de meurtre à l'égard des Juifs, il n'y eût pas eu besoin de créer les *Einsatzgruppen* de la SS et de la police, et le commandant d'Auschwitz n'eût pas été un haut gradé de la SS. Ce n'est pas en tant qu'Allemand, mais en tant qu'historien et en tant qu'homme que je ne puis me défendre d'un sentiment d'amertume lorsque, en Allemagne, on organise une exposition sur les « crimes de la *Wehrmacht* » et lorsqu'on déplore sans arrêt les prétendues 30 000 condamnations à mort prononcées par la justice militaire, non pas parce que je voudrais passer sous silence la réalité de crimes affreux perpétrés aussi au sein de la *Wehrmacht*, ou bien parce que je trouverais effectivement juste une condamnation à mort prononcée pour punir un jugement dépréciatoire à l'égard du « Führer », mais parce que la contrepartie — c'est-à-dire, du côté soviétique, les crimes du GPU, les dizaines de milliers d'exécutions et de condamnations pour « lâcheté », voire pour « sympathie avec l'ennemi » — est tout à fait mise entre parenthèses et présentée comme tout simplement inexistante.

Je me demande parfois pourquoi en fait m'est reproché ce qui, à mes yeux, est fort proche d'être une banalité. En feuilletant récemment une série de citations provenant de mes anciennes lectures, je suis tombé sur une phrase de Maurice Merleau-Ponty tirée d'un texte publié en 1947. Il dit à propos du fascisme qu'il est une « mimique du bolchevisme » à l'exception de ce qui est vraiment essentiel, la théorie du prolétariat. Or cette « théorie du prolétariat » est à l'évidence très exactement ce qui, aujourd'hui, est presque partout appelé la part « utopique » du bolchevisme.

Merleau-Ponty devrait donc, de nos jours, écrire que le fascisme est une imitation du bolchevisme, imitation dépourvue de cette part utopique, et il pourrait certainement ajouter que cet élément utopique pourrait être cependant qualifié d'« humaniste », à la différence des mobiles antihumanistes du fascisme et, surtout, du nazisme. Je suis d'accord avec Merleau-Ponty sur ce point et je suis persuadé que vous le seriez aussi — c'est pourquoi je pense que ce qui caractérise la situation présente c'est que ce qui y est si violemment critiqué n'est en fait « rien de bien particulier ».

La question du révisionnisme

En vérité, il y a naturellement de profondes raisons qui font que, dans le cas qui nous occupe, ce qui apparaît banal d'un certain point de vue se heurte à tant de résistance. Il faut en premier lieu mentionner la conviction depuis longtemps enracinée que le socialisme marxiste et même le bolchevisme léniniste auraient été absolument différents du fascisme et totalement opposés à lui. Aujourd'hui, le « stalinisme » a, certes, partout été abandonné, mais sous diverses versions, sous diverses formes édulcorées, la vieille conviction se maintient, des communistes réformés jusque bien avant dans le camp libéral. Il faut admettre qu'il y a un « noyau rationnel » aussi dans le cas de cette conviction, et vous n'avez pas plus que moi procédé par « identification ». Mais le différend atteint son comble émotionnel lorsque la question concerne l'ampleur effective de l'« holocauste », voire son existence ou sa non-existence. Nulle part la colère et l'indignation ne sont plus compréhensibles, car, dans ce qu'on appelle le révisionnisme, il ne semble s'agir que du déni impudent de faits tangibles, attestés précisément de manière surabondante. Cette indignation peut s'étendre à la position que j'ai esquissée dans mon ouvrage *Streitpunkte*, et qui se résume à la thèse simple selon laquelle il faut répondre aux arguments révisionnistes par des arguments et non en engageant des procès. Il est pour moi du plus grand intérêt de connaître votre position sur cette question.

Mais permettez-moi d'abord d'expliquer pour quelle raison, depuis quelques années, la question du révisionnisme est devenue si importante pour moi. Je vois défié par lui le premier et le plus puissant de mes préjugés, c'est-à-dire mon hypothèse de base. Tandis que je préparais, au début des années 60, mon livre *Le Fascisme dans son époque*, je ne me suis pas rendu aux archives du musée d'État d'Auschwitz pour y étudier les documents concernant la construction du camp, et je n'ai interrogé aucun témoin. Je ne connaissais que les sources écrites les plus importantes, comme les déclarations de Kurt Gerstein et de Rudolf Höss, le livre d'Eugène Kogon, ainsi que les actes publiés du procès de Nuremberg. Cela me semblait suffire, car personne, à l'époque, ne mettait

85

en doute la réalité de l'extermination de millions de gens ni l'utilisation des gaz, pas même les avocats des accusés au cours du grand procès d'Auschwitz qui débutait alors. Je ne connaissais pas encore le nom de Rassinier. Mais je fis quelque chose qui, à ce moment-là, n'était pas du tout évident : j'étudiai les premières sources de la « conception du monde » de Hitler, ses premières lettres, ses premiers discours et les écrits de Dietrich Eckart, ce poète depuis longtemps oublié en qui Hitler voyait son mentor, les articles d'Alfred Rosenberg publiés dans la petite revue, *Auf gut deutsch*, les essais de Erwin von Scheubner-Richter, cet ancien diplomate que Hitler avait jugé « irremplaçable » après qu'il fut tué lors du putsch de 1923.

C'est alors que je fis l'une des quelques découvertes que je puis porter à mon crédit : une brochure intitulée *Le Bolchevisme de Moïse à Lénine. Dialogue entre Adolf Hitler et moi-même*, qui ne porte aucun nom d'auteur, mais qui sans aucun doute fut écrite par Dietrich Eckart. Aujourd'hui encore, je considère que ce texte est de loin la plus importante et la plus instructive des « conversations avec Hitler », car tous les partenaires ultérieurs, tels Otto Strasser et Hermann Rauschning, étaient des collaborateurs secondaires, alors que, d'après ses propres dires, Hitler voyait dans Dietrich Eckart son « étoile polaire ». Cette lecture vint conforter ma conviction antérieure, tirée de la lecture de *Mein Kampf*, que Hitler était vérita-

blement un idéologue fanatique pour qui anticommunisme et antisémitisme formaient, à un point
jusque-là sans précédent, une unité, ce que le titre
de la brochure laisse déjà entendre. Dans la
mesure où Hitler était un sociobiologiste pour qui
les peuples et les races étaient la réalité fondatrice
ultime, c'est-à-dire « des substances vivantes, de
chair et de sang », rien d'autre qu'« Auschwitz »
ne pouvait résulter, à titre de postulat suprême, de
cette contre-idéologie, et, autant que je sache, je
fus le premier qui ait cru pouvoir établir que certaines déclarations faites précocement par Hitler,
notamment une phrase de cette « conversation »
avec Eckart, contenaient une claire anticipation
de l'extermination des Juifs.

C'est là le point central autour duquel gravite
toute mon interprétation de l'époque. Si le révisionnisme radical avait raison d'affirmer qu'il n'y
avait pas eu d'« holocauste » au sens de mesures
d'extermination générales et systématiques, déci-
dées à la tête de l'État, outre la guerre de partisans
menée de part et d'autre avec une grande dureté
en Union soviétique, et qu'il n'y avait eu que de
vastes déportations — comparables à l'interne-
ment des Allemands en Angleterre et des citoyens
d'origine japonaise aux États-Unis — au cours
desquelles, en raison des conditions extrêmes, un
grand nombre de victimes seraient à recenser, je
devrais alors faire l'aveu suivant : j'ai considéré
comme un idéologue animé d'une rage d'extermination un homme politique qui, à l'occasion,

comme d'autres politiciens, lançait à des fins psychologiques de graves menaces contre ses ennemis, mais qui, eu égard à la « question juive », ne voulait rien d'autre que ce que les sionistes souhaitaient, à savoir le divorce de deux peuples après l'échec de leur tentative de vie commune ; et par une telle interprétation ma propre interprétation serait invalidée : durant la dernière guerre, ce n'étaient pas deux États mus par une idéologie qui s'opposaient, chacun résolu à l'extermination de l'autre, mais il s'agissait d'un simple prolongement des luttes entre les grandes puissances de la Première Guerre ; le nazisme n'était pas une « copie déformée du bolchevisme », mais menait uniquement un combat pour la survie de l'Allemagne acculée à la défensive par la politique mondiale. Aucun auteur n'accepte volontiers que son œuvre soit ruinée, et j'ai donc un intérêt vital à ce que le révisionnisme — du moins dans sa version radicale — *n'ait pas* raison. Mais c'est précisément la raison pour laquelle je me sens provoqué par lui, et je ne me vois pourtant pas m'associer à ceux qui veulent mobiliser les procureurs et la police contre lui. C'est précisément la raison pour laquelle je me sens contraint de poser la question de savoir si le révisionnisme dispose d'arguments ou s'il n'est en fait qu'une agitation empêtrée dans des mensonges.

Ce qui est alors en jeu ici n'est ni plus ni moins que la qualité fondamentale de l'historien. Il sait que les « révisions » sont le pain quotidien du travail scientifique, et que, dans l'histoire du XIXe et du XXe siècles, des « révisionnismes » n'ont cessé de surgir jusque dans le camp des vainqueurs alors que, à la suite de grands événements ou durant leur déroulement, leurs conceptions jouissaient d'un privilège apparemment inattaquable. C'est ce qui s'est passé après la guerre de Sécession, après la Première Guerre mondiale et dans les débuts de la « guerre froide », lorsque, à l'ouest, est apparu un révisionnisme qui combattait la thèse centrale de l'« Occident », c'est-à-dire la thèse affirmant la responsabilité de l'Union soviétique dans le déclenchement du conflit « Est-Ouest ». L'historien sait aussi que, en règle générale, certaines des thèses révisionnistes sont pour finir admises par l'*establishment* ou, du moins, introduites dans l'analyse. Ainsi, pour autant que je sache, l'affirmation, naguère si décriée, de Gar Alperovitz jouit-elle actuellement d'une large reconnaissance : les premières bombes atomiques visaient moins le Japon que l'Union soviétique. On ne peut éviter de se demander si cette analogie ne vaudrait pas également pour le « révisionnisme à l'égard de l'Holocauste » de Rassinier, Faurisson, Mattogno et de la revue *Journal of Historical Review*.

On ne pourrait y répondre par la seule négative qu'à la condition qu'il n'y eût eu, jusque-là, dans le domaine de la « solution finale », aucun « besoin de recherche » ni aucune affirmation critiquable. Mais ce n'est pas le cas.

En 1984, à Stuttgart, eut lieu un congrès auquel prirent part les plus importants spécialistes de l'Holocauste appartenant tous à l'« école établie », parmi lesquels Raul Hilberg et Yehuda Bauer. Bauer critiqua à cette occasion la thèse, encore en vigueur en Allemagne où elle passe pour inattaquable, selon laquelle l'extermination des Juifs avait été « décidée » lors de la « Conférence de Wannsee ». Hilberg insista beaucoup sur le fait que le chiffre souvent avancé de 2,5 millions de victimes juives à Auschwitz était une impossibilité ; ce chiffre ne pouvait pas dépasser un million. (Quelques années plus tard, cette révision devint la version officielle : sur les plaques commémoratives d'Auschwitz, les « quatre millions » furent remplacés par « de un à un million et demi ».) Un membre de l'Institut berlinois de la recherche sur l'antisémitisme indiqua que le zyklon B, « ce qui a souvent été négligé », avait été souvent employé pour combattre la vermine, et qu'il avait été d'un usage indispensable dans les camps où régnait le typhus, et il mettait en garde contre la « surévaluation du nombre de ceux qui avaient été tués à Auschwitz-Birkenau » ; Eberhard Jäckel se référa à certaines indications selon lesquelles Göring et Goebbels, voire Himmler, avaient émis des réserves face aux premières exécutions de masse. Hilberg souligna toute l'importance du « ouï-dire » qui avait joué un grand rôle, même à la tête de l'appareil du parti nazi, c'est-à-dire des déclarations qui ne s'appuyaient pas sur l'expérience per-

sonnelle mais sur ce que rapportaient d'autres
personnes. On n'y mentionna pas qu'on avait pré-
tendu, durant la guerre et l'immédiat après-
guerre, que, pour les exécutions de masse, on
avait procédé en projetant de la vapeur brûlante
dans des pièces closes, en faisant passer du courant électrique sur d'immenses plaques ou en
utilisant de la chaux vive. Ce silence sur des affirmations de cet ordre revenait à les déclarer aussi
manifestement erronées que la rumeur selon
laquelle on avait produit du savon à partir des
cadavres des Juifs et qui, néanmoins, encore
récemment en Allemagne, a été reprise dans les
annonces de presse d'un metteur en scène connu.
Même les témoignages *de visu*, très répandus dans
les années 50, du haut responsable SS Kurt
Gerstein, membre de l'Église confessante, ne sont
plus repris dans la bibliographie de chercheurs
tout à fait orthodoxes. Et l'on sait que Jean-Claude
Pressac, qui, malgré des précédents singuliers, est
reconnu comme un chercheur sérieux, a récemment réduit le nombre des victimes des chambres
à gaz d'Auschwitz jusqu'à environ un demi-
million.

De pareilles corrections de détail ne se distin-
guent pas essentiellement de certaines affirmations
qui, à ma connaissance, n'ont été faites que par des
« révisionnistes » : par exemple, que les premiers
aveux du commandant d'Auschwitz, Höss, avaient
été extorqués sous la torture, que les hautes
flammes sortant des cheminées des crématoires

observées par nombre de témoins visuels n'étaient que des illusions d'optique, que les conditions techniques n'étaient pas réunies pour procéder à la crémation quotidienne de 24 000 cadavres, que les morgues dans les crématoires des camps, qui, durant les épidémies de typhus, avaient à dénombrer chaque jour environ trois cents morts « naturelles », étaient purement et simplement indispensables et, du moins durant ces périodes-là, ne pouvaient pas être utilisées pour les exécutions de masse.

Même de pareilles thèses surprendront difficilement l'historien averti, depuis l'époque d'Hérodote, par son travail quotidien, que des grands nombres, pour autant qu'ils ne proviennent pas de spécialistes de la statistique, ne peuvent être que contestables, et il sait tout aussi bien que des grandes foules rassemblées dans des situations extrêmes et confrontées à des événements difficilement explicables ont été, et demeurent, de vrais foyers de rumeur. Néanmoins, toutes ces corrections et toutes ces restrictions ne mettent pas en cause le noyau de l'affaire, et le postulat est justement contraignant qui veut qu'elles ne soient pas soustraites au libre examen scientifique. Vous connaissez peut-être mieux que moi la littérature et vous pourrez m'indiquer les passages où ces problèmes et ces doutes ont été expliqués. En Allemagne, si je ne me trompe, ce n'est pas le cas.

L'essentiel est incontestable

Deux autres affirmations sont d'un autre ordre : elles contestent globalement et fondamentalement l'existence de l'extermination par les chambres à gaz ; la première pourrait conduire à une défaite spectaculaire des révisionnistes si elle n'était soustraite au public. Il s'agit de l'affirmation selon laquelle les morgues des crématoires ne pouvaient avoir été employées comme chambres à gaz car, à la différence des pièces servant à la destruction de la vermine, on ne pouvait y trouver aucune trace significative de cyanide ; l'autre affirmation avancée depuis quelque temps prétend que les orifices dans les toits des crématoires, qui eussent dû servir à y déverser le poison, n'avaient été pratiqués qu'après coup, et que, même aujourd'hui, ils étaient inadaptés pour qu'on y fasse passer des canalisations.

Pourtant, même si ces deux affirmations étaient définitivement réfutées, cela ne suffirait pas à évacuer la question de savoir si un révisionnisme prenant ses distances avec l'agitation provocatrice et procédant par argumentation ne serait pas la forme extrême de révisions en principe légitimes, et ne devrait pas être accepté comme un phénomène interne au développement scientifique — il va de soi qu'on n'exclurait pas ainsi la critique résolue mais qu'on la poursuivrait. Je suis enclin à répondre par l'affirmative à cette question, car que serait la science si elle n'était sans cesse de nouveau contrainte à exercer sa critique, sur la base d'un travail approfondi, précisément contre de graves erreurs scientifiques, et à découvrir, dans les erreurs mêmes, d'autres noyaux de vérité !

Mais demeure, selon moi, incomparablement plus probante que tous les arguments du révisionnisme, cette phrase du testament politique de Hitler : le coupable, c'est-à-dire le judaïsme, a entre-temps subi sa peine « bien qu'infligée selon des méthodes plus humaines ». Et je suggérerais d'envoyer à tous les révisionnistes un exemplaire du livre commémoratif publié par les archives de la République fédérale sur « les victimes de la persécution des Juifs sous la dictature national-socialiste en Allemagne de 1933 à 1945 », ouvrage où, en deux volumes, sont recensés bien plus de cent mille noms d'hommes, de femmes et d'enfants, avec l'indication du lieu d'où provint l'ultime information les concernant. Dans une des colonnes, on trouve des indications sur le sort de chacun. Ces indications ne précisent pas si l'un a été « gazé » ou si l'autre est « mort du typhus », car il est impossible dans chaque cas d'établir précisément ce qui s'est passé, mais elles disent simplement « disparu » ou « décédé ». Et, sans cesse, mais pas toujours, le dernier lieu indiqué est « Auschwitz ». Dans l'ensemble, cette publication de 1 700 pages grand format est, pour « l'essentiel » et pour ce qui est tout simplement incontestable, plus importante et plus émouvante que ne peuvent l'être les représentations, aussi sensibles qu'elles soient, de certains destins personnels et les œuvres des historiens, si vastes soient-elles.

Si je pouvais faire un vœu, ce serait que l'un des experts et des analystes d'archives connus de l'« école établie » écrive un livre où il enregistre sans colère ni indignation manifestes les arguments des révisionnistes et les analyse en détail, si bien qu'on en arriverait finalement à un résultat comparable à celui des examens antérieurs d'arguments révisionnistes, sous cette forme : « Il faut certes admettre que..., mais le cœur de l'affaire n'est nullement ainsi remis en cause. »

Mais je considère comme fondamentalement fausse l'affirmation selon laquelle, si l'essentiel est incontestable, aucune affirmation particulière n'aurait plus besoin d'examen, et tous les doutes ne pourraient provenir que d'intentions mauvaises. Je crois qu'on menace au contraire le noyau de la chose lorsqu'on veut soustraire l'écorce à la discussion, non pas certes le caractère factuel de ce noyau mais le rang et l'importance qu'on lui accorde.

Si la chose devait suivre un autre cours, si l'on s'obstinait dans la conviction que le plus petit fragment arraché à l'édifice rend inévitable l'effondrement du tout, et que l'on devait donc défendre en convoquant la justice et la police tout témoignage, aussi discutable soit-il, toute indication numérique, aussi faiblement justifiée qu'elle soit, je suis convaincu qu'on suivrait alors une voie fatale. On a déjà réclamé publiquement en Allemagne l'application des articles du code pénal concernant l'incitation nationaliste aux chercheurs qui attribuent à Staline une part significative de la responsabilité de la guerre et qui, au lieu de « l'agression allemande contre l'Union soviétique », parlent d'une « guerre préventive ». Il ne faudrait pas longtemps pour que les historiens qui imputent au communisme une part essentielle dans l'apparition du fascisme aient à se défendre devant un tribunal, ce qui pourrait même concerner les historiens qui, établissant un parallèle entre le communisme et le nazisme, « banaliseraient » le second.

Il y a, dans l'Allemagne réunifiée, des courants influents qui voudraient non seulement accepter avec certaines modifications des parties essentielles de la représentation de l'histoire de la RDA disparue, mais aussi commencer d'appliquer les méthodes qui furent utilisées lorsqu'on l'a instituée.

Tout cela est propre à susciter de graves préoccupations, et je vous propose qu'au terme de cette correspondance, nous nous entretenions de la situation intellectuelle contemporaine, un présent qui semble constitué par la « victoire de l'ouest » et qui, néanmoins, a engendré tant de déceptions. Mais j'aimerais bien savoir tout d'abord comment vous considérez cette question hautement délicate de l'attitude à adopter à l'égard du révisionnisme, et si vous pourriez être d'accord, même partiellement, avec les conceptions que j'ai exposées dans

cette lettre de manière bien concise et certainement trop résumée.

Croyez, cher collègue, à ma considération.

Ernst NOLTE
Berlin, le 5 septembre 1996

VII

L'antisémitisme moderne

FRANÇOIS FURET

Mon cher collègue,

Je vous remercie de votre troisième lettre, qui apporte de nouveaux éléments à notre discussion. Je commencerai ma réponse par votre premier point : ce que vous appelez « le noyau rationnel » de la passion antisémite.

L'élément « rationnel », dans les deux exemples dont vous parlez, tient à ce que les Juifs forment, dans le monde moderne, un groupe de gens — devrais-je dire un peuple ? — particulièrement attirés vers l'universalisme démocratique, sous sa forme politique et philosophique. Les raisons en sont multiples, les unes relativement claires, les autres plus mystérieuses ; il est plus facile de comprendre pourquoi les Juifs ont célébré avec enthousiasme l'émancipation égalitaire des individus que d'expliquer leur exceptionnelle contribution à la science ou à la littérature de l'Europe dans les deux derniers siècles. Mais le fait en lui-même n'est pas contestable et peut être comme tel, sous ses différents aspects, l'objet d'un examen rationnel, même si les travaux historiques consacrés à ce sujet sont encore relativement rares.

Un rapport privilégié

C'est ce constat d'un rapport privilégié des Juifs avec l'universalisme démocratique qui permet de comprendre la nature particulière de l'antisémitisme moderne, par rapport à l'antisémitisme médiéval. Ces deux formes de la haine des Juifs ne sont pas incompatibles, et elles peuvent cumuler leurs effets. Mais la plus ancienne est enracinée dans le christianisme — dans le refus juif de reconnaître la divinité du Christ —, alors que la plus récente n'a pas le même contenu que l'inculpation chrétienne, puisqu'elle accuse le Juif de cacher, derrière l'universalité abstraite du monde de l'argent et des Droits de l'homme, une volonté de domination du monde, qui commence par un complot contre chaque nation en particulier. Dans les deux cas, l'idée juive de l'élection divine est retournée contre les Juifs comme une malédiction, et l'histoire contemporaine de l'Europe a fait voir que l'antisémitisme moderne a eu des effets encore plus radicalement désastreux que l'antisémitisme chrétien.

Jusque-là, il me semble qu'il n'y a pas de désaccord entre nous. Je conviens bien volontiers que la

représentation imaginaire du Juif chez l'antisémite part non seulement d'un héritage historique, mais d'un ensemble d'observations sur la
part prise par les Juifs à l'économie capitaliste,
aux mouvements de gauche, ou aux choses de
l'esprit, dans les nations de l'Europe démocratique.
Mais c'est la transformation de ce jugement, qu'on
peut appeler « rationnel », même au cas où il est
prononcé pour déplorer cet état de choses, en
idéologie d'exclusion ou d'extermination qui me
paraît caractériser le passage du rationnel à l'irrationnel. La dérive ne vient pas de ce qu'on passe
du laudatif, ou du neutre, au péjoratif. Elle s'opère
par le glissement de l'idée qui souligne le rôle joué
par les Juifs dans la modernité en moyen de mobilisation des masses et en impératifs de l'action
politique. Alors les Juifs cessent d'être peints ou
analysés pour ce qu'ils sont. Ils deviennent les
agents constants et actifs d'un complot contre la
nation. Ils donnent aux adversaires de la démocratie libérale leur bouc émissaire.

L'idée du complot

L'idée de la révolution d'Octobre comme produit
d'un complot du judaïsme international fait partie
de ce type de représentations. Je ne nie pas un
seul instant qu'il y ait eu de nombreux militants
juifs dans le premier état-major bolchevique, ainsi
d'ailleurs que dans le mouvement socialiste,

notamment dans les pays de l'Est européen : mais c'est une observation dont on ne peut déduire, par définition même, l'existence d'un complot juif particulier. L'accusation appartient à un autre registre que celui de la pensée rationnelle ou de l'analyse historique.

Vous m'écrivez que de bons esprits, dans notre siècle, sans aller jusqu'à l'idée de complot juif, qui donne trop à la volonté pour pouvoir se passer de preuves, ont pourtant analysé capitalisme et bolchevisme comme deux faces d'une même médaille, celle d'une modernité obsédée par l'individualisme productiviste, par opposition à la communauté chrétienne ou *völkisch*. Je le sais, bien sûr, et je pense même que c'est une des constructions savantes de la philosophie par où on peut être conduit à l'idéologie antisémite, le Juif constituant la figure synthétique du capitalisme et du bolchevisme. Dans votre pays, Carl Schmitt me fournirait une bonne illustration de cela. Mais je n'en conclus pas pour autant que son œuvre peut s'y réduire ! Il faut garder, autant que faire se peut, la distance entre la pensée savante et l'idéologie. Dans l'exemple que j'analyse, il est bien vrai que sous l'angle philosophique on peut regarder comme issues d'une même histoire, provenant d'une même souche, la démocratie capitaliste et la critique socialiste de la démocratie capitaliste. Mais on n'en peut déduire, sauf à sortir des limites de la pensée rationnelle, ni l'antisémitisme nazi, ni l'extravagante tragédie européenne du

XXe siècle, où Hitler a été dans les faits le complice le plus efficace du bolchevisme. C'est une des tâches les plus difficiles de l'historien d'essayer de comprendre ce qui se passe dans l'entre-deux, et comment l'imagination politique de l'homme démocratique peut devenir, littéralement, folle.

Ce qui est nazi et ce qui est allemand

Permettez-moi de revenir sur deux autres points de votre lettre, auxquels je souhaite apporter un commentaire.

Le premier concerne le caractère du fascisme comme idéologie et comme régime. Bien que j'aie été, dès 1965, un admirateur de votre livre *Faschismus in seiner Epoche*, je n'ai jamais été vraiment convaincu par votre démonstration sur Maurras comme précurseur du fascisme. À mes yeux, Maurras, et l'Action française avec lui, est trop positiviste, trop proche d'Auguste Comte philosophiquement, pour entrer facilement dans cette catégorie. J'aurais tendance, plus que vous sans doute, à voir le fascisme non pas comme contre-révolutionnaire, mais au contraire comme apportant à la droite européenne le renfort de l'idée révolutionnaire, c'est-à-dire de rupture radicale avec la tradition. C'est le sens du premier chapitre de mon livre : jusqu'au fascisme, la politique « antimoderne » est dans l'impasse de la contre-révolution. Avec Mussolini elle retrouve son charme, sa magie auprès des masses populaires. Il me semble qu'il y a dans le fascisme une idée de l'avenir, tout à fait absente dans l'idéologie et la politique contre-révolutionnaire au XIXe siècle.

Le second point sur lequel j'ai envie de discuter ce que vous m'écrivez a trait plus spécialement à l'histoire allemande au XXe siècle. J'ai toujours senti, en vous lisant, à quel point celle-ci a blessé votre patriotisme. Je peux d'autant mieux comprendre ce sentiment que je puis le partager de mon côté, comme Français : il y a beaucoup d'épisodes de l'histoire de France au XXe siècle qui ne font pas honneur à mon pays, et vous citez l'un des pires, qui est la collaboration apportée aux autorités nazies par la police du gouvernement de Vichy en matière de déportation des Juifs, français ou résidant en France. Mais enfin l'apocalypse hitlérienne est sans précédent, et la condamnation morale dont l'Allemagne a été l'objet depuis 1945 est sans exemple dans l'histoire des nations. J'imagine donc sans peine le terrain existentiel qui a nourri votre œuvre historique, et l'espèce de passion que vous avez mise à distinguer dans les crimes de l'Allemagne nazie ce qui est nazi et ce qui est allemand.

Je partage la thèse selon laquelle la personnalité de Hitler a joué un rôle fondamental dans la tragédie. Sans lui, sans son génie politique tourné vers le mal, tout eût été différent. Les historiens de notre époque, obsédés et par l'idée déterministe et par une conception sociologique de l'Histoire, tendent souvent à méconnaître ce qu'a eu d'accidentel la tragédie européenne au XXᵉ siècle et le rôle qu'y ont joué quelques hommes. Ils ne veulent pas voir que des événements monstrueux ont parfois de petites causes. Pourtant, l'historien est obligé de faire sa part aussi à ce que la thèse fonctionnaliste comporte de vrai, puisque la machine de guerre allemande a rempli jusqu'au bout la mission que lui assignait le Führer. Et il ne peut éviter de prendre en compte, enfin, ce que la culture allemande, avant et après la guerre de 1914, véhiculait de violence révolutionnaire nationaliste « antimoderne ». Je veux bien que ce type d'idées ait été largement répandu en Europe, à l'époque ; mais il me semble incontestable que l'Allemagne de Weimar a été son laboratoire privilégié, notamment à travers ses universités. Si la fin du nazisme a eu dans votre pays cette allure d'apocalypse, alors que rien de comparable n'a accompagné la chute du fascisme italien, ce n'est pas seulement pour des raisons qui tiennent au caractère « total » de la guerre ; c'est aussi parce que la dictature nazie a véritablement *déraciné* l'Allemagne de sa tradition, en instrumentalisant à son profit certains éléments de cette tradition.

Le rôle de l'antifascisme

Cette question est indépendante de celle de savoir si l'entretien du souvenir des crimes nazis n'a pas eu, au moins en partie, pour fonction de cacher les crimes soviétiques. Sur ce dernier point, je partage, comme vous le savez, votre opinion. L'« antifascisme » communiste a en effet joué ce rôle, pour donner à croire que le communisme n'était qu'une forme supérieure de la démocratie, et sa propagande a été d'ailleurs plus puissante encore dans les décennies qui ont suivi la fin des régimes fascistes. Mais si ce refus « philistin » (comme aurait dit Marx) d'une comparaison entre les crimes fascistes et les crimes communistes vous attriste ou vous exaspère, pour des raisons que je comprends, il ne devrait pas vous porter à méconnaître le rôle de la Wehrmacht dans les horreurs commises par les troupes allemandes en Pologne ou en Russie, et la responsabilité de l'Allemagne dans le nazisme.

J'en viens, pour terminer, à vos remarques sur les difficultés qu'il y a aujourd'hui à travailler sur l'histoire de notre siècle, et en particulier sur la question du « révisionnisme » en ce qui concerne le génocide juif.

Des discrédits distincts

Que fascisme et communisme ne souffrent pas d'un discrédit comparable s'explique d'abord par le caractère respectif des deux idéologies, qui s'opposent comme le particulier à l'universel. Annonciateur de la domination des forts, le fasciste vaincu ne donne plus à voir que ses crimes. Prophète de l'émancipation des hommes, le communiste bénéficie jusque dans sa faillite politique et morale de la douceur de ses intentions. Les circonstances aussi ont joué leur rôle dans cette économie des souvenirs. La Seconde Guerre mondiale, qui étend jusqu'à nous son ombre sinistre, a mis le fascisme au ban de l'humanité, alors que l'Union soviétique comptait parmi ses vainqueurs. Et le communisme s'est décomposé de l'intérieur, sans être vaincu. Ses victimes sont avant tout les peuples de l'URSS, Russes et Ukrainiens en tête, alors que l'Allemagne nazie a tué surtout hors de chez elle : les Juifs, mais aussi les Polonais, les Russes, les Ukrainiens, les Hollandais, les Français, etc. L'Occident a manifesté très peu de compassion à l'égard des peuples lointains de l'Est européen victimes du communisme, alors qu'il a eu une expérience concrète de l'oppression nazie.

Par où j'en viens à l'extermination des Juifs, qui constitue le point culminant des crimes commis dans le siècle au nom d'une idéologie politique. Il n'excuse aucun des autres : ni le massacre des koulaks au début des années 1930, ni l'assassinat massif des élites polonaises à Katyn et ailleurs en 1940, ni, plus près de nous encore, les horreurs du « Grand Bond en avant » en Chine ou le génocide cambodgien. Mais ce qui distingue l'Holocauste juif au milieu de ces autres figures politiques du Mal vient peut-être de deux ordres de raisons. Le premier tient à ce que l'entreprise d'extermination des Juifs vise des hommes, des femmes et des enfants du seul fait qu'ils sont *nés* tels, indépendamment de toute considération intelligible tirée des luttes pour le pouvoir. La Terreur antisémite a perdu tout rapport avec la sphère politique où elle a pris naissance.

Le caractère du peuple juif

La deuxième série de raisons a trait au caractère du peuple juif, dans l'histoire de l'humanité et tout spécialement de l'Europe. Le peuple de la Bible est inséparable et de l'Antiquité classique et du christianisme. Il survit comme témoin persécuté d'une autre promesse dans le Moyen Âge chrétien. Il prend une part hors de proportion avec le nombre de ses membres dans l'émergence des nations et l'avènement de la démocratie. En le martyrisant, en cherchant à le détruire, les nazis tuent la civilisation de l'Europe, par les armes d'un des peuples les plus civilisés d'Europe — nous — je veux dire nous, les Européens, et non seulement les Allemands — ne sommes pas sortis de ce malheur, qui va nous survivre. Les formes de remémoration qu'il prend, le type de pédagogie qu'il inspire ne sont pas toujours profonds, et il peut être utilisé à des fins politiciennes. Mais ce qu'il exprime doit être pris comme un sentiment politique essentiel chez les citoyens des pays démocratiques en cette fin de siècle. À l'historien, et à l'intellectuel plus généralement, d'en faire un enseignement plus informé et moins partisan. J'avoue que ce n'est pas facile. Mais c'est nécessaire.

Sur la question qui occupe les dernières pages de votre lettre, je n'ai guère de remarques à présenter. La littérature qui cherche, en Europe et aux États-Unis, à nier la réalité de l'extermination des Juifs par l'Allemagne nazie, je la connais mal, car le peu que j'en ai lu m'a donné le sentiment d'être en face d'auteurs animés par la vieille passion antisémite plus que par la volonté de savoir. Je partage au contraire votre vision de Hitler comme d'un chef tout entier possédé par sa haine des Juifs et du « judéo-bolchevisme » en particulier. Je vous suis aussi dans l'idée que la réfutation des thèses « négationnistes » (je préfère ce terme à celui des « révisionnistes », car le savoir historique procède en effet par des « révisions » constantes d'interprétations antérieures) n'est nullement contradictoire avec le progrès de notre connaissance. Au contraire, elle les suppose. Rien n'est pire que de vouloir bloquer la marche du savoir, sous quelque prétexte que ce soit, même avec les meilleures intentions du monde. C'est d'ailleurs une attitude qui n'est pas tenable à la longue, et qui risquerait d'aboutir à des résultats inverses de ceux qu'elle prétend rechercher. C'est pourquoi je partage votre hostilité au traitement législatif ou autoritaire des questions historiques. L'Holocauste fait hélas partie de l'histoire du XXe siècle européen. Il doit d'autant moins faire l'objet d'un interdit préalable que bien des éléments en restent mystérieux et que l'historiographie sur le sujet n'en est qu'à son commencement.

Croyez à ma considération.

François FURET
Paris, le 30 septembre 1996

VIII

Situations

ERNST NOLTE

Mon cher collègue,

Je vous remercie beaucoup pour votre réponse à ma dernière lettre, bien trop longue. Vous répondez une fois de plus avec une clarté qu'on a l'habitude, en Allemagne, d'appeler « latine » ou « française ». Les différences qui subsistent entre nous me semblent n'être que des différences d'accentuation. Je souscris sans réserve à votre définition de la nature propre d'Auschwitz comparé au Goulag ; j'ai cherché à saisir la différence en opposant les notions d'« extermination sociale » et d'« extermination biologique », et je voudrais simplement ajouter que les lignes de partage ne sont pas si marquées dans la réalité que dans le monde des concepts.

Je partage également votre explication du privilège dont jouit, dans l'opinion publique, le communisme par rapport à son adversaire le plus acharné, mais je voudrais soulever, à ce propos,

115

une question : ne devrait-on pas juger plus sévère-
ment un mouvement dont les intentions peuvent
être qualifiées de « douces » et qui, en réalité, partout où il s'est imposé par la violence, a provoqué
un nombre gigantesque de victimes, plus sévère-
ment donc qu'un parti dont les intentions d'emblée
sont à qualifier de mauvaises ?

Je me réjouis particulièrement de ce que vous
aussi vous condamnez le fait de soumettre à des
sanctions pénales des déclarations, arguments et
évaluations en ces matières, à cette réserve près,
naturellement, qu'il ne s'agisse ni d'injures ni
d'agitations violentes — mais il n'est pas besoin
pour ces dernières de créer une pénalité spéciale.

L'Action française

Vous me posez une question à laquelle je répon-
drai volontiers. J'ai vu dans l'Action française un
« préfascisme », car, à mes yeux, elle a été, au
début du XXe siècle, la manifestation la plus originale de la tradition « contre-révolutionnaire ». Je
crois que cette originalité s'exprime de la manière
la plus frappante dans cette courte déclaration de
Maurras : « Je suis athée, mais je suis catholique. »
Lorsqu'une force politico-culturelle a recours,
dans une situation difficile, à des moyens inhabi-
tuels de confrontation, lorsque, par exemple, elle
fait descendre dans la rue ses militants pour
manifester en uniforme, il ne s'est, je crois, pas

encore produit de transformation profonde d'importance décisive ; c'est pourquoi je tiens pour illégitime le terme d'« austrofascisme », notamment.

Mais lorsqu'un tenant du conservatisme catholique se qualifie d'« athée » et prise à ce point sa liberté de conviction qu'il refuse d'y renoncer, même en apparence, il s'accomplit, au sein de la contre-révolution, un acte révolutionnaire qui justifie l'emploi d'un nouveau qualificatif, aussi peu spectaculaire que puisse paraître cet acte. Joseph de Maistre savait sans doute ce qu'il voulait dire lorsqu'il affirmait vouloir non pas la contre-révolution, mais le contraire de la révolution. La notion de contre-révolution recèle d'emblée une part de révolution, et c'est particulièrement clair chez Maurras. C'est encore plus manifeste, malgré l'apparent paradoxe, chez Hitler qui, dans son antijudaïsme précisément, est bien plus proche de Maurras que de Mussolini.

Permettez-moi de dire encore un mot à propos de mon « patriotisme » dont vous parlez comme d'un « terrain existentiel ». On n'était pas, dans ma famille, *deutschnational*, et, lorsque j'étais enfant, mon premier amour fut pour la reine opprimée, Marie-Thérèse, ma première aversion pour l'agressif roi de Prusse, son ennemi. Il a fallu bien des événements pour que je puisse me voir conduit à prendre fait et cause pour Frédéric II. Il fut à ce point condamné de toutes parts, il encourut à ce point la réprobation comme incarnant le « mal absolu » que son image d'ensemble ne pouvait qu'être grossièrement déformée. C'est une métaphore et vous comprendrez ce que je veux dire par là. Mais à propos de tout ce que j'ai dit et qui pourrait sembler notoirement « patriotique », voire être une « disculpation de Hitler », je me suis demandé si j'aurais écrit la même chose étant américain, anglais ou français. Je crois que je pourrais répondre par l'affirmative dans tous les cas. Cependant, et pour recourir encore à cette métaphore, je n'ai pas un instant oublié que Frédéric le Grand avait effectivement entrepris une guerre d'agression et d'annexion contre Marie-Thérèse.

Situation

En ce qui concerne le présent, sur quoi nous allons nous entretenir pour finir, j'ai, ces derniers temps, très souvent réfléchi non seulement sur la situation où nous nous trouvons aujourd'hui, mais aussi sur le sens que peuvent avoir des situations en général, et surtout au regard de l'historien. L'idée que chacun est « fils de son époque » est évidemment une banalité, mais tout le monde ne vit pas au sein de la même époque ni dans la même situation. Si je ne me trompe pas, les années durant lesquelles vous avez fait vos études puis commencé d'enseigner ont été marquées par une « montée de la gauche » dont Jean-Paul

Sartre était le plus remarquable représentant. Lorsque j'ai publié *Le Fascisme dans son époque*, réintroduire le concept générique de « fascisme » et, ce qui allait de pair, relativiser la théorie du totalitarisme, dominante en Allemagne à peu près sans contestation, passait également pour être « de gauche », et c'est pourquoi j'ai souvent été compté parmi ceux qui avaient frayé la voie au « mouvement de 68 ». Mais, rétrospectivement, je me souviens encore très clairement que je refusais en toute conscience de faire le dernier pas, car je me savais partie prenante de cette situation générale de la République fédérale d'Allemagne qui refusait toute lutte nationaliste « pour la réunification » et faisait confiance au long terme pour que l'acceptation passagère de la division du pays mène finalement à la disparition de celle-ci. C'était une situation unique du point de vue de l'histoire mondiale, car la patience n'a jamais été la vertu des pays divisés. On pouvait formuler la thèse principale du livre, *Le Fascisme dans son époque*, dans les termes suivants : l'Allemagne, même entre les deux guerres, avait véritablement fait partie de l'Europe, et elle ne s'était fourvoyée que lorsqu'elle eut radicalisé une tendance générale, à partir de quoi elle devait retrouver la ligne directrice de son histoire, précisément en renonçant d'elle-même, et non seulement en obéissant à une pression extérieure, à une deuxième tentative de restitution nationaliste de son territoire.

Parmi les historiens allemands, il n'y avait pas

de différences notables quant à cette appréciation des choses, et je pouvais, moi aussi, me sentir porté par un consensus. Mais dans la jeune génération, celle de 68 justement, cette patience se mua rapidement en une forme d'impatience qui convertit négativement la notion de « culture occidentale » et qui voulut combattre l'« impérialisme de l'Ouest » ; en même temps, l'objectif de cette patience fut aboli puisqu'on exigea la « reconnaissance de la RDA » et donc l'approbation de la division en deux États. Ces jeunes gens furent manifestement guidés par la conviction que la RDA, État socialiste, incarnait malgré quelques « déformations » les potentialités les meilleures de l'Allemagne, et que, dans un lointain avenir, elle serait un jour la base sur laquelle s'édifierait une Allemagne socialiste réunie au sein d'une Europe socialiste.

Ce fut un hasard que je sois nommé à l'Université libre de Berlin justement dans ces années où l'on est passé de la première phase de la révolution estudiantine, encore très fluide et marquée avant tout par le nom de Rudi Dutschke, à la seconde, dogmatiquement communiste et maoïste. C'est là qu'eut lieu le plus nettement — limité certes aux étudiants et aux assistants comme à quelques rares professeurs — un mouvement analogue à la « montée de la gauche » dans la France des années 50 et 60. Mais, pour une très large majorité de professeurs d'université comme pour la grande majorité de la population de Berlin-Ouest, l'ancien consensus se maintint et mon livre de 1983, *Marxismus und industrielle Revolution*, ne faisait pas mystère de son intention d'historiciser le marxisme en le dépouillant de sa prétention à une vérité absolue. Mais, pour ainsi dire sous le manteau, un compromis s'imposa de plus en plus dans le reste de la République fédérale — même parmi les professeurs et les journalistes —, qui, certes, n'allait pas jusqu'à vouloir s'identifier à la RDA, mais qui orienta l'attention presque exclusivement sur les « crimes du nazisme » au point que la théorie naguère évidente du totalitarisme et la conception d'une double forme des mouvements et régimes totalitaires furent non seulement considérées comme obsolètes, mais passèrent, en outre, pour une aberration quand ce ne fut pas pour une vilenie.

Ma théorie du totalitarisme

Ainsi, affirmer la dualité des États allemands devint un commandement moral. À quel point j'étais maintenant en désaccord avec le consensus général en République fédérale, cela devint clair du jour au lendemain lorsque parut, dans la *Frankfurter Allgemeine Zeitung* du 6 juin 1986, mon article qui exposait les grandes lignes de la « version historico-génétique » de la théorie du totalitarisme. Il suscita une indignation presque unanime qu'on a, par la suite, appelée la « querelle des historiens ».

Je n'y établissais pas moi-même un rapport avec la « question allemande », et ce lien était secondaire à mes yeux. Pourtant certains de mes adversaires le firent en y insistant beaucoup. Mais lorsque le président de la République fédérale de l'époque parut avoir mis fin à la controverse en prenant une position officielle qui tranchait définitivement en faveur de mes adversaires, il ne fallut pas plus d'un an pour que se produise l'effondrement interne du régime communiste en Europe de l'Est, et que la « patience » évoquée à l'égard de la réunification ne connaisse une fin heureuse presque inespérée.

Soudain, un consensus général sembla se dégager : à quelques exceptions près, ceux qui, hier, avaient été les amis de la RDA adoptèrent le concept de totalitarisme. Juxtaposer Hitler et Staline, même Auschwitz et le Goulag, devint bientôt une sorte de lieu commun. C'est ainsi qu'est née la situation actuelle, et il a pu sembler que tous ceux qui désormais pouvaient se sentir portés par un nouveau consensus plus général étaient également ceux qui avaient refusé de souscrire à la vérité absolue revendiquée par le communisme marxiste lorsque la partie la plus grande et la plus active de la jeunesse étudiante en était pénétrée. Mais aussi compréhensibles que fussent de semblables attentes, elles se sont rapidement révélées trompeuses.

L'unification allemande

Au début de 1990 se fit jour çà et là l'idée de créer une « Fondation nationale allemande » destinée à financer les coûts de la réunification. On espérait que de larges cercles de la nation allemande seraient prêts à consentir de notables sacrifices. Mais les hommes politiques en place refusèrent ce projet, et ils eurent raison dans la mesure où les sommes de plusieurs centaines de milliards de marks qui s'avérèrent nécessaires, comme il apparut peu à peu, n'eussent pu être réunies par des dons volontaires. Mais ce fut pourtant une décision politique malheureuse que de donner, en 1990, l'impression que la réunification pourrait être financée en quelque sorte de la main gauche et par l'argent de poche. On priva ainsi les Allemands de l'Ouest de la possibilité d'imiter leurs ancêtres qui, à l'époque des guerres de libération, donnèrent « de l'or pour du fer ». On les empêcha de montrer, par un sacrifice visible, à leurs compatriotes libérés de l'ex-RDA que les discours sur « la société où il fallait sans cesse jouer des coudes », qui les avaient endoctrinés durant quarante ans, étaient faux. Cette impression s'est alors confortée chez nombre d'habitants de l'ex-RDA quand seules étaient accomplies des actions de l'État, mais aucun acte bien tangible de la population.

Bien entendu, les reproches selon lesquels l'industrie de la RDA serait rachetée par le capitalisme ouest-allemand et détruite parce que concurrente étaient injustifiés, et un regard porté sur la Pologne et la Hongrie eût forcé à reconnaître qu'une modernisation générale était entreprise et que le niveau de vie de la population s'améliorait néanmoins. Mais la manière dont cette industrie fut livrée aux offres des investisseurs du monde entier donna crédit à l'impression que la population de l'Est n'était que le jouet d'un bouleversement subi et d'actions étrangères.

Le système d'hier, extrêmement autoritaire, de l'économie planifiée fut dissous, pour ainsi dire sans transition ni explication, et remplacé par le système de la concurrence des entreprises et de la pluralité des partis qui, en tant que tel, n'avait pas de voix faisant autorité ni ne pouvait fournir de justifications. Les Allemands de l'Ouest d'autre part en vinrent à l'idée que le « capitalisme », le système de l'économie de marché étendue au monde entier, que Marx et Engels avaient déclaré, en 1850, être sur le point de disparaître, s'était développé, durant les décennies de la guerre froide, bien au-delà de ce qu'il était en 1945, et que, au moment où il n'avait plus d'adversaire dans l'Histoire, il perdait également les caractéristiques qui, en tant que « système libéral » et en tant que démocratie effective, l'avaient rendu digne d'être défendu, voire d'être aimé par la grande majorité. Dans la mesure, justement, où les adversaires de ce système n'avaient plus à offrir une autre branche de l'alternative, les discours sur sa monstruosité, son caractère contraire à la nature humaine retrouvèrent un certain crédit. L'impression s'est renforcée, et pas seulement en Allemagne, que les vraies décisions — sur le projet d'union monétaire et le problème de l'immigration, par exemple — étaient prises à Bruxelles et à Washington, sous la pression de processus anonymes, sans que fût accordée au simple citoyen la moindre participation.

Comment désormais s'orienter ?

J'arrête cette description allusive de la situation, et je résume ce qui, pour l'historien, est d'un intérêt particulier : à la situation claire de la guerre froide s'est substituée une sorte d'absence de situation qui rend extrêmement difficile de s'orienter. S'engager pour un « monde meilleur » est certainement louable, mais, au-delà de ce que cette attitude peut avoir de banal et d'évident, pareil engagement s'empêtre dans de grandes difficultés. Ne serait-il pas préférable de s'engager dans la « lutte des civilisations » au sens de Samuel Huntington ? Ou bien la perspective réaliste consisterait-elle à ce que chacun fasse preuve de la plus grande capacité d'adaptation, prenant en compte le monde entier, aux exigences de son entreprise ou de ses entreprises, et à ce que, transposé dans le monde de la discipline historique, tout doctorat puisse traiter, animé d'une égale objectivité, mais aussi d'une égale indifférence, tout thème qui, quelque part et n'importe où, serait « disponible » ? Ne faut-il pas que nous, les aînés, nous reconnaissions que notre travail dépendait, plus que nous n'en étions conscients, de certaines « situations », ce qui signifierait que nous avions travaillé en nous engageant ? Et ce carcan de la situation, à condition qu'on s'efforçât de maintenir une certaine distance et en même temps de ménager une part à l'autocritique, n'était-il pourtant pas, sinon plus scientifique, du moins plus historique que ce que produit l'absence de « situation » qui caractérise le monde unique de l'économie de marché et de la concurrence, où toutes choses sont également proches, et peuvent donc être examinées et analysées avec la même objectivité froide et impartiale ? Ou bien de pareilles réflexions ne sont-elles que des ébauches idéales typiques qui suscitent des craintes abstraites et irréelles en détournant des véritables dangers ?

Je vois, en fait, une menace concrète apparaître : que le « capitalisme » totalement déchaîné, dominant le monde entier, laisse le vide qu'il entraîne avec lui être comblé par un « antifascisme » qui simplifie et mutile l'Histoire tout comme le système économique uniformise le monde. Mais, tant qu'un avenir de ce genre peut être ressenti comme un danger, il est permis de le contrecarrer, non pas pour imposer une autre représentation concrète de l'avenir, mais en faisant fond sur la conviction que la conscience que les hommes peuvent avoir d'eux-mêmes a besoin de la réflexion historique et ne saurais ni être réalisée par des ordinateurs ni être remplacée par des truismes informatiques. Ainsi, de l'absence de situation qui ne peut jamais être totale, pourrait résulter une situation nouvelle où l'on accorderait une valeur significative au fait d'assimiler l'Histoire, même si ne devaient plus exister des situations historiques au sens jusque-là courant.

Pardonnez-moi, je vous en prie, d'avoir tant parlé de l'Allemagne et de moi-même. Je serais heureux si vous pouviez, de votre côté, entreprendre de décrire la situation française de la période d'après-guerre, ainsi que, corrélativement, la situation de l'historiographie en France, aussi rebutante que soit la brièveté requise par le peu d'espace dont nous disposons. Nos différences ressortiraient alors, je le suppose, de manière tout aussi notable que nos proximités, voire nos accords, lesquels, en fin de compte, pourraient bien être visibles.

Croyez, cher collègue,
à ma vive considération.

Ernst NOLTE
Berlin, le 11 décembre 1996

IX

Telle est la toile de fond mélancolique de cette fin de siècle

FRANÇOIS FURET

Cher monsieur,

Merci de votre dernière lettre. Je vais m'efforcer à mon tour de nous situer, vous et moi, avec une plus grande certitude en ce qui me concerne !

Dans la mesure où l'historien est prisonnier de son temps, et où l'histoire qu'il écrit est aussi dans l'Histoire, nous sommes fils de deux situations différentes. Dans la France d'après la guerre, à l'époque où je faisais mes études, l'atmosphère intellectuelle était dominée par la philosophie marxiste de l'Histoire, pour des raisons de nature différente. Les unes étaient d'ordre intellectuel, mais moins influentes qu'on le pense généralement : le marxisme comme corps de doctrine n'avait de racines profondes ni dans l'intelligentsia ni dans l'Université, et le paysage philosophique de l'époque de la Libération était dominé par l'existentialisme sartrien, qui devait plus à Heidegger qu'à Marx. Mais des raisons politiques, beaucoup plus puissantes, étaient à l'œuvre. La fin de la Seconde Guerre mondiale, accompagnée de la découverte des crimes nazis par l'opinion, semblait avoir illustré un tribunal de l'Histoire et l'Armée rouge était créditée d'avoir payé le plus grand tribut à ce grand devoir d'humanité qu'avait été la défaite de Hitler.

Nos situations respectives

À cette conjoncture générale les circonstances particulières de l'histoire récente de la France ajoutaient un poids supplémentaire. La France avait été militairement écrasée par l'Allemagne en mai-juin 1940, et sa défaite avait mis sur les rails le régime sans gloire de Vichy. Ce passé tout récent pesait lourdement sur le pays libéré, en 1944-45. À cette double raison d'être malheureux de l'histoire de son pays, un jeune Français de cette époque pouvait trouver une consolation dans l'essor, tardif il est vrai, pris par les mouvements de résistance à l'occupation nazie. Or ces mouvements n'apportaient, par rapport à la Troisième République dont la faillite avait été sans appel, que deux idées neuves, l'idée gaulliste et l'idée communiste. La première souffrait du double inconvénient, par rapport à la tradition de gauche, d'une étroitesse nationaliste, quand le fascisme vaincu venait d'en montrer les dangers, et du recours à un homme providentiel, si suspect à

132

l'idéologie républicaine. La seconde avait pour elle d'envelopper le projet d'une renaissance nationale dans l'universalisme démocratique. Elle offrait — paraissait offrir — un remède à la fois plus radical et plus moderne au déclin d'une nation trahie par ses élites. À travers l'idée communiste, un jeune Français de ma génération, qui avait grandi dans la guerre sans l'avoir faite, pouvait nourrir l'illusion d'en couronner le sens démocratique tout en œuvrant à une renaissance nationale. Cela a été mon cas.

La situation du jeune Allemand que vous étiez alors me paraît — autant que j'en puisse juger — toute différente. L'Allemagne d'après-guerre avait à penser la catastrophe nationale du nazisme, qui faisait d'elle un objet de réprobation du monde entier, mais elle était immunisée contre le charme de l'idée communiste, puisqu'elle venait d'être partiellement conquise par l'Armée rouge qui campait à l'est du pays. Cet état de choses laissait un espace au concept de totalitarisme, qui jouissait à cette époque, écrivez-vous, « d'un ascendant incontesté » en Allemagne, comme d'ailleurs aux États-Unis. C'est dans cet espace que vous avez écrit votre livre sur le « *fascisme en son époque* ». Si je vous comprends bien, toutefois, votre livre a hésité à tirer toutes les conséquences de l'idée totalitaire, de peur d'avoir l'air d'appeler à une réunification de l'Allemagne contre l'URSS. Alors que l'anticommunisme est rejeté en France pour des motifs idéologiques, il l'est en Allemagne pour des raisons de prudence et de modération forcées.

Au départ, nous sommes donc, vous et moi, dans des conjonctures politiques et intellectuelles fort différentes. Mais cette situation ne dure pas longtemps, puisque je fais partie, dès le milieu des années 1950, d'une première *diaspora* des intellectuels communistes français qui se séparent du communisme ; et que je suis, en 1965, quand votre livre paraît en français, un de ses premiers admirateurs. C'est dire que, bien que je n'en partage pas tous les jugements (notamment l'analyse de l'Action française, sur laquelle je vais revenir), je suis entré sans effort dans le schéma conceptuel de votre livre, qui fait naître le fascisme (et le nazisme) d'une double radicalisation de la critique et du libéralisme et du marxisme.

1968 et l'anticommunisme

Mais après être devenues comparables, nos situations divergent à nouveau après le grand remue-ménage étudiant des années 1960, qui a culminé en 1968. En Allemagne, vous écrivez que ce mouvement aboutit à une condamnation de « l'impérialisme occidental », en même temps qu'à une sorte de réhabilitation de la RDA dans l'opinion des jeunes, jusqu'au point d'y voir la base future d'une réunification de l'Allemagne. Le communisme trouverait ainsi tardivement, dans votre pays, l'espèce d'immunité à la critique dont il a joui en France quinze ou vingt ans auparavant. En France, par contraste, la « révolution » de 1968 (j'emploie ce mot faute d'un meilleur terme) a conduit à des résultats inverses. Elle a aussi connu son courant maoïste, à côté de bien d'autres tendances, dont certaines radicalement « libérales », comme l'individualisme hédoniste. Mais même le courant maoïste est loin d'avoir été seulement néo-stalinien ; il a comporté des nuances libertaires, anarchistes, aussi bizarre que cela paraisse. Et il est caractéristique que l'œuvre de Soljenitsyne ait été accueillie avec enthousiasme, en France, vers 1975, par beaucoup d'anciens maoïstes. Autrement dit, 1968 y a nourri *aussi* l'anticommunisme. C'est avec Soljenitsyne que le concept de totalitarisme gagne sont droit de cité à Paris. Le succès de mon livre peut être inscrit dans la continuation de ce qui a commencé là ; ce qui singularise les intellectuels français dans l'Ouest européen, où l'évolution des esprits a été plutôt conforme à l'exemple allemand. Je veux dire que le concept de totalitarisme y a été progressivement discrédité, au moment même où il acquérait une légitimité tardive en France.

Une atmosphère d'intolérance

C'est alors que le caractère *unique* du nazisme a été brandi un peu partout non pas pour en

permettre une meilleure compréhension historique, mais au contraire pour en interdire l'analyse, par horreur pour les crimes qu'il a commis. Si
toute tentative d'historiser le fascisme (et le
nazisme), a fortiori de le comparer à d'autres expé-
riences contemporaines, est considérée comme
une « compréhension » coupable à l'égard de ses
crimes, alors les historiens du XXᵉ siècle n'ont plus
qu'à se taire, sous peine d'être accusés de complicité posthume. Cette atmosphère d'intolérance, si
défavorable au travail de l'esprit, existe aussi en
France, notamment dans la presse, mais elle n'est
pas si universelle qu'elle empêche de réfléchir aux
tragédies de notre siècle. La preuve, là encore,
c'est l'accueil qu'y a reçu mon livre, même à
gauche, et même chez les communistes, qui l'ont
discuté sans tenter de me disqualifier. Si vous, par
contre, avez été l'objet d'un véritable procès en
démonisation de la part de la gauche allemande, il
me semble que c'est à cause de deux séries de raisons, qui différencient votre situation de la
mienne. Les unes tiennent à la conjoncture politique et « nationale » de l'Allemagne, qui para-
doxalement rend la question du communisme
brûlante au moment de l'effondrement du communisme, comme si la question du totalitarisme
dans notre siècle ne cessait de hanter le destin
allemand. Les autres vous appartiennent en
propre, et elles sont au centre de notre discussion.
Permettez donc que j'y revienne.

Une peine allemande

Vous m'écrivez que vous n'appartenez au nationalisme ni par tradition ni par choix, et que vous auriez écrit à peu près les mêmes choses eussiez-vous été américain, anglais ou français. Sur le premier point, je n'ai pas de raison de ne pas vous croire : votre témoignage sur vous-même ne peut être réfuté. Sur le second, par contre, comment expliquez-vous que tous vos lecteurs aient perçu dans vos livres la peine particulière d'un citoyen allemand frappé par la tragédie de sa nation et le discrédit sans exemple où est tombé son pays à la suite des crimes nazis ? Quand je dis tous vos lecteurs, je veux dire non seulement vos adversaires politiques en Allemagne, mais moi par exemple, qui vous ai lu d'un regard impartial, et d'ailleurs avec profit. Prenons votre thèse, dont nous avons déjà discuté, qui fait sortir les mouvements fascistes de la menace bolchevique. Je la crois inexacte, dans la mesure où l'idéologie fasciste me paraît sinon pleinement établie, du moins constituée dans ses principaux éléments avant la guerre de 14, sans lien avec ce qui n'est encore que le tout petit parti de Lénine dans la Russie des tsars. Mais, indépendamment de ce débat, comment ne pas voir, dans ce que vous dites être le caractère *second* du nazisme par rapport au bolchevisme, une tentative de disculper l'un pour charger l'autre ? Si les crimes nazis tiennent dans une réponse aux crimes bolcheviques, ils en acquièrent bien évidemment un caractère non pas moins criminel, mais moins délibéré, et, à tous les sens du mot, moins *premier*.

Mais je veux aller plus loin sur le fond que ce constat de bon sens, et reposer la question de l'idée fasciste préexistante au mouvement fasciste. Vous savez si bien qu'il existe une « préhistoire » du fascisme, indépendante du marxisme, avant la guerre de 14, que vous y consacrez le premier tome de votre livre de 1965. Et qui prenez-vous comme représentant typique de cette préhistoire ? Maurras, le fondateur de l'Action française.

Le choix de Maurras

Je veux bien que le choix d'un écrivain français ne soit pas, de votre part, délibéré, encore qu'il eût été plus naturel, s'agissant de la filiation du fascisme et du nazisme, de se tourner vers la littérature politique italienne ou allemande. J'imagine que si vous ne l'avez pas fait, c'est que vous pensez, comme Heidegger, que l'idée fasciste est fille de l'Europe plus encore que de l'une des nations européennes en particulier. Ce qui n'est pas faux. Reste que les ravages exceptionnels qu'elle a exercés en Allemagne justifient sans doute que l'historien se penche spécialement sur ses sources allemandes, que l'histoire des idées fournit à foison, avant la guerre de 1914 et sous la République de Weimar. En matière de pensée antilibérale, je ne pense pas qu'on puisse trouver un répertoire plus riche, et plus radical.

À se tourner vers la France de la même époque, j'accepte pour ma part sans difficultés les démonstrations de notre collègue israélien Sternhell sur l'existence à l'intérieur de ses frontières d'une idéologie « préfasciste ». Mais Maurras me paraît un exemple mal choisi. À mes yeux, comme d'ailleurs aux vôtres, il réincarne à la fin du XIXe siècle la tradition contre-révolutionnaire française, la célébration de la société « organique », préindividualiste : mais, *pour cette raison même*, il est pour moi étranger à l'esprit du fascisme, qui est révolutionnaire, ouvert sur une société fraternelle qui est à construire, et non pas sur un regret du monde hiérarchique. Le modèle de la monarchie absolue française est constamment présent chez Maurras, alors que toute référence à un régime passé est inexistante chez Mussolini, ou Hitler (ou encore chez Marinetti, ou chez le Jünger du début des années 1930). On pourrait compléter l'argumentation par un examen des philosophies respectives : la philosophie du fascisme est fondée sur l'affirmation des puissances irrationnelles de la vie, celle de Maurras est faite d'un rationalisme positiviste, tiré d'Auguste Comte.

Vous m'écrivez que ce qui permet à vos yeux de classer Maurras dans les penseurs pré- ou parafascistes est son attitude par rapport au catholicisme : il célèbre l'Église catholique sans être croyant. Il aime l'Église comme corps, comme organisation sociale, comme image de l'unité spirituelle des Français. Mais il ne peut croire à ce qu'elle enseigne, non pas, comme vous le dites, parce qu'il tient à sa « liberté de conscience », mais parce que, rationaliste, il ne peut plier son esprit à un ensemble de croyances irrationnelles. Cette attitude ne lui est pas particulière, parmi les Français du XIXᵉ siècle. Napoléon l'a eue avant lui, en signant le Concordat, et la bourgeoisie voltairienne, après 1848, partage largement cet état d'esprit. L'instrumentalisation de l'Église à des fins d'ordre politique et social est un piège dans lequel tombent même des vrais catholiques : que dire alors des autres...

C'est bien, en effet, une contradiction centrale de l'Action française que cette érection de l'Église catholique en pouvoir spirituel de la nation, alors que les fondateurs de la doctrine ne croient pas à ses dogmes : et cette contradiction ruinera finalement le mouvement, après sa condamnation par Rome. Mais je ne vois pas en quoi elle est originale, ou « révolutionnaire ».

Le fascisme est révolutionnaire

Je touche peut-être, avec ce dernier adjectif, à ce qui sépare nos conceptions du fascisme. Pour moi, la nouveauté du fascisme dans l'Histoire a consisté à émanciper la droite européenne des impasses inséparables de l'idée contre-révolutionnaire. En effet, celle-ci n'a cessé d'être prise, au XIXe siècle, dans la contradiction d'avoir à employer des moyens révolutionnaires pour vaincre, sans pourtant pouvoir se fixer d'autre but que la restauration d'un passé d'où le mal, pourtant, a surgi. Rien de pareil avec le fascisme : il n'est plus défini par une *ré-action* (retour en arrière) à une révolution. Il est lui-même la révolution. Je pense qu'acharné à souligner le caractère réactif du fascisme, vous en sous-estimez la nouveauté. Après tout, ce qu'il s'agit de comprendre est la formidable attraction qu'il a exercée sur les masses au XXe siècle, alors que l'idée contre-révolutionnaire n'avait rien possédé de cette influence, au siècle précédent.

Mélancolie

Vous terminez votre lettre par des interrogations sur le présent que je partage. Vous notez très justement que l'effondrement du communisme soviétique s'est accompagné, curieusement, d'un déplacement des opinions publiques de l'Europe vers la gauche. Plus le capitalisme est triomphant, plus il est détesté. Il a perdu avec l'Union soviétique un de ses meilleurs faire-valoir, qui le constituait en vitrine de la liberté. Il est dépossédé de son meilleur argument, l'anticommunisme. La critique de ses méfaits est plus libre, plus ouverte, plus facile, dès lors qu'elle est libérée du devoir

complémentaire de célébrer un socialisme poli-
cier. Le curieux de l'affaire est que la gauche européenne n'est tenue pour responsable ni de ses
complaisances ni de son soutien à l'égard de ce
socialisme-là. Comme elle n'use plus de l'idée
socialiste que négativement, comme critique du
capitalisme et non plus comme adhésion à un
régime existant, elle a retrouvé un discours moins
vulnérable. Elle n'a plus à justifier une autre
société, puisqu'il n'en existe plus d'autre. Elle peut
se contenter de critiquer la société démocratique
comme non démocratique, c'est-à-dire incapable
de répondre aux attentes qu'elle crée et aux pro-
messes qu'elle fait. Elle ne s'enracine désormais
que dans le plus vieux rêve de la démocratie
moderne, qui consiste à séparer démocratie et
capitalisme, à garder l'une et chasser l'autre, alors
qu'ils forment ensemble une même histoire.

Telle est la toile de fond mélancolique de cette
fin de siècle. Nous voici enfermés dans un horizon
unique de l'Histoire, entraînés vers l'uniformisation du monde et l'aliénation des individus à
l'économie, condamnés à en ralentir les effets sans
avoir de prise sur leurs causes. L'Histoire apparaît
d'autant plus souveraine que nous venons de
perdre l'illusion de la gouverner. Mais, comme
toujours, l'historien doit réagir contre ce qui
prend, à l'époque où il écrit, un air de fatalité ; il
sait trop bien que ces sortes d'évidences collectives sont éphémères. Les forces qui travaillent à
l'universalisation du monde sont si puissantes

Telle est la toile de fond mélancolique...

qu'elles provoquent des enchaînements de circonstances et de situations incompatibles avec
l'idée de lois de l'Histoire, a fortiori de prévision
possible. Nous avons moins que jamais à jouer les
prophètes. Comprendre et expliquer le passé n'est
déjà pas si simple.

Croyez, mon cher collègue,
à mes sentiments de profonde considération.

François FURET
Paris, le 5 janvier 1997

Table

Cet ouvrage a été composé
par Graphic Hainaut
et achevé d'imprimer
sur presse Cameron
par Bussière Camedan Imprimeries
à Saint-Amand-Montrond (Cher)
en octobre 1998
pour le compte de la librairie PLON

N° d'édition : 12966. N° d'impression : 984758/1.
Dépôt légal : septembre 1998.